电子数据取证与合同备案

主　编　徐小磊　王　飞
副主编　吴　震　雷　洲

中国金融出版社

责任编辑：吕　楠
责任校对：孙　蕊
责任印制：丁淮宾

图书在版编目（CIP）数据

电子数据取证与合同备案／徐小磊，王飞主编．—北京：中国金融出版社，2019.7
ISBN 978－7－5220－0165－4

Ⅰ.①电…　Ⅱ.①徐…②王…　Ⅲ.①计算机犯罪—证据—数据收集—研究—中国　Ⅳ.①D924.364

中国版本图书馆 CIP 数据核字（2019）第 133847 号

电子数据取证与合同备案
Dianzi Shuju Quzheng yu Hetong Beian
出版发行　中国金融出版社
社址　北京市丰台区益泽路 2 号
市场开发部　（010)63266347，63805472，63439533（传真）
网 上 书 店　http：//www. chinafph. com
（010)63286832，63365686（传真）
读者服务部　（010)66070833，62568380
邮编　100071
经销　新华书店
印刷　保利达印务有限公司
尺寸　169 毫米×239 毫米
印张　10
字数　150 千
版次　2019 年 7 月第 1 版
印次　2019 年 7 月第 1 次印刷
定价　59.00 元
ISBN 978－7－5220－0165－4

Preface 前　言

新一代信息技术的快速发展使我们进入电子证据时代，将深刻改变我们的思维方式与行为模式，同时，对于纠纷解决也是一场重大变革。电子证据采信的未来走向从注重经验判断转向追求客观量化，然而，根据当前的案例统计分析，司法人员对电子证据的采信水平堪忧，这源于电子证据的专业性同自由心证原则之间的天然冲突。要破解该体制性障碍，构建客观化的采信机制尤为必要。这一要求切合我国强调印证证明模式的传统，但前提必须理论再造，即通过创设关于电子证据的“孤证绝对否定”“属性痕迹补强”“区间权衡”“不同节点印证”等规则，建立出虚拟空间的印证体系。

电子证据的研究和应用已经持续较长时间，成文规定也日趋完备，且相关案例越来越多。值得我们注意的是，在推动电子证据发展的力量中，除了司法机关、律师和专家学者外，还有一种力量一直未能引起社会各界的广泛重视，这就是电子证据的第三方机构，更具体来说是第三方存证机构。第三方存证机构的发展时间较早，且随着法律规范的完善和专业技术的发展，机构数量快速增加，业务模式持续创新。这种现象既值得欣慰——推动电子证据广泛应用，又需要警惕——如何保证第三方机构规范发展。

我们认为，电子证据的发展需要三方面合力。首先，司法机关要充分认识到电子证据的重要作用，在审判中灵活和充分利用，提高相关的技术能力，保障电子数据能够用、用得对和用得好，尤其是在一些新型网络犯罪中要改变固有思维，创新审判手段。其次，专家学者的研究要更加切合实际，对于概念性的争议可以暂时搁置，比如对电子证据和电子数据的辨析，如果将概念相关的研究作为出发点和落脚点未免视野太过狭隘，同时也是巨大的人力和智力浪费，应当重视理论结合实际，注意比较研究，尤其是域外的先进经验的研究，英美法系国家在利用电子技术解决纠纷方面有比较长时间的实践，我们可以对此进行充分研究，在实践研究中促进理论的更新和发展。最后，重视社会力量，如前所述，电子证据的适用不是审判机关和专家学者的自留地，其他社会力量也早已参与其中，这里特指的就是第三方存证机构，事实上他们已经在一定程度上改变了电子证据的适用现状。比较理想的状态是三者良性互动，在电子证据的适用中保持畅通的协调机制，通力合作，审判机关把握适用的尺度，专家学者提供理论支撑与实践路径，第三方的专业机构则充分发挥技术优势，在纠纷解决中配合审判机关的工作。

对此，我们以电子数据取证和第三方专业机构为切入点，详细阐述了我国电子数据的发展与适用效力、电子证据的适用和技术发展、电子合同第三方存证的发展、国家电子合同备案平台建设与应用以及当前环境下我国司法机构的业务创新，期寄能为从事电子证据和第三方存证相关工作的企业和个人提供一个更加广阔的视角，为探索更便捷、更高效的法律服务提供有益支撑。

在本书编写过程中，李蕊、陈伟等参与了大量的数据核查、材料整理等工作，在此表示诚挚感谢。同时，本书参阅了大量政策法规文件、相关文献，在此向相关方表示致谢。由于编者水平有限，书中难免有错误和疏漏之处，恳请大家批评指正。

Contents 目 录

第一章　电子数据的发展与适用效力

第一节　电子数据概述

一、电子数据的概念

电子数据（electronic data）随着电子信息技术的发展而出现，最早是在计算机科学领域率先进行使用，并伴随着计算机技术的使用而逐渐进入我国的学术视野，这个概念的内涵和外延并无统一的界定。从目前国际条约及相关国家的立法来看，对电子数据的形成技术也作了广义规定。如联合国《电子商务示范法》第 2 条规定“数据电文”是指“经由电子手段、光学手段或类似手段生成、储存或传递的信息”。美国《统一电子交易法》将电子形式定义为“具有电子、数字、磁性、无线、光质、电磁或类似性能的科技”。这些立法中均对电子数据形成技术进行了宽泛的规定，实际上包括了人类目前可以实现的一切近代及现代的信息技术以及未来的信息技术。

一般来讲，电子数据是指基于计算机应用、通信和现代管理技术等电子化技术手段形成包括文字、图形符号、数字、字母等的客观资料。电子数据在国内法律文件中出现的时间比较早，最早在刑法领域受到关注，1998 年《公安机关关于办理刑事案件程序规定》出现了“电子数据”这一明确表述。2012 年刑事诉讼法修改时，将电子数据规定为法定证据种类，明确了电子数据审查与认定的基本原则，但没有明确其内涵和外延。

电子数据最早在刑事法领域受到关注，是在计算机犯罪作为一种新的犯罪形态出现以后，特别是刑法将计算机犯罪写进刑事实体法后，刑事诉讼领域对计算机犯罪的追诉进行了大量的关注和研究，其中不可避免地涉及计算机犯罪认定的依据——电子数据。此时，电子数据与电子证据、计算机数据处于混用的状态。在刑法领域，计算机犯罪的研究者们偏向于使用“计算机数据”或“计算机证据”；在证据法领域，学者们的研究中多使用“电子证据”。

正式的法律文件中对电子数据首次出现明确界定是在2005年《公安机关电子数据鉴定规则》（公信安〔2005〕281号），该规则第二条明确规定“本规则所称的电子数据，是指以数字化形式存储、处理、传输的数据。”

2012年《最高人民法院关于适用〈中华人民共和国刑事诉讼法〉的解释》第九十三条对电子数据进行了列举，包括电子邮件、电子数据交换、网上聊天记录、博客、微博客、手机短信、电子签名、域名等。

《公安机关电子数据鉴定规则》对电子数据给出了概括性定义，2012年的刑诉法解释又进行了列举，但这两个文件还是无法对电子数据准确界定。因为概括式规定较为抽象，缺少对电子数据常见形态的示例，实践中难以准确把握电子数据的内涵。同时，列举式规定无法揭示电子数据的本质特征，容易出现挂一漏万的问题，难以涵括未来可能出现的新的电子数据形式。

对电子数据进行明确定义的法律文件为《关于办理刑事案件收集提取和审查判断电子数据若干问题的规定》，由最高人民法院、最高人民检察院、公安部于2016年9月9日颁布。该规定第一条明确规定：“电子数据是案件发生过程中形成的，以数字化形式存储、处理、传输的，能够证明案件事实的数据。电子数据包括但不限于下列信息、电子文件：

（一）网页、博客、微博客、朋友圈、贴吧、网盘等网络平台发布的信息；

（二）手机短信、电子邮件、即时通信、通信群组等网络应用服务的通信信息；

（三）用户注册信息、身份认证信息、电子交易记录、通信记录、登录日志等信息；

（四）文档、图片、音视频、数字证书、计算机程序等电子文件。

以数字化形式记载的证人证言、被害人陈述以及犯罪嫌疑人、被告人供述和辩解等证据，不属于电子数据。确有必要的，对相关证据的收集、提取、移送、审查，可以参照适用本规定。”

该规则第一条的规定对电子数据进行了概括式规定和分类列举，内涵和外延就比较清楚，总共有四类，一是网络平台发布的信息，二是网络应用服务的通信信息，三是这类是电子记录类信息，四是其他电子文件。

但上述分类只是便于在实践中理解和掌握，由于电子数据的表现形式复杂、种类多样，各类电子数据之间可能存在交叉，比如，数字证书本身是电子文件，当被用于确认用户在计算机信息系统上的操作权限时，又属于身份认证信息；再如，计算机信息系统日志，如果提取的是一条一条的记录，那么可以归为记录类信息，如果提取的是存储记录的数据库文件，那么又可以归为电子文件。

二、电子数据的特征

电子数据具有海量性、易丢失、易篡改、不稳定的特点，如不及时收集、提取和固定，事后很难再重新收集。

（一）海量性

数据存储具有海量性的特点。国际文献资料中心（IDC）研究表明，数字领域存在着1.8万亿GB的数据，企业数据正在以55%的速度逐年增长。如今，只需两天就能创造出自文明诞生以来到2003年所产生的数据总量数据规模越大，处理的难度也就越大。当我们拥有海量即时数据时，绝对的精确不再是追求的主要目标。但是一般认为在证据收集过程中，“凡认为可能与案件有关联或者有助于证明诉讼问题的事实、法律和其他情况，都在收集、提供之列”。许多案件中，电子数据证据的收集须耗费极大的时间、人力及物力，甚至于不具有“合理存取”的可能性。以视频安全监控为例，连续不断的监控流中，对案件事实有重大价值的可能仅为一两秒的数据流；在360度全方位视频监控的“死角”处，也可能会挖掘出最有价值的证据。在海量电子数据中去寻找那一丝与诉讼相关联的证据犹如“在数据的干草中捞到有意义的‘针’，其困难就是‘许多干草看起来也像针’”。大数据适当忽略微观层面上的精确度尽管会让我们在宏观层面拥有更好的洞察力，但却动摇了证据的客观真实性。

（二）脆弱性

电子证据对运行环境的依赖程度很大，其产生、存储和输出必须借助计算机、存储、网络等硬件设备和软件平台的支持，必须依赖于特定的介质，有相应的播放、显示设备才能从存储状态到为人所感知，才能为法庭所认可和采信。而电子证据所依赖的系统环境如果发生变化，电子证据也可能无法显现或者显现错误的信息。电子证据的记录方式及介质的特殊性和网络空间的特性决定了其自身具有一定的脆弱性。

（三）易变无痕性

电子证据的易变无痕性是由其存在形式和存储平台的开放性所决定的。电子证据都以“0”和“1”两个数字组成的一系列二进制代码形式储存在各种介质上，光信号或磁向的变化很容易改变。一个简短的指令就可在极短的时间内对电子数据进行修改、删除、转移。供电系统或网络通信的故障，强磁、高温、高湿度等外部环境的影响，都可导致电子证据的改变。

由于网络环境的开放性、共享性以及当事人出于自己的利益需求，存管在普通服务器里的电子数据很容易、很方便可以篡改；且与传统书证、物证不同，电子证据在遭遇篡改情况时，可以做到不留痕迹。

（四）多样性

一是电子证据本身具有多样性。不仅可以表现为文本形式，还能够以图像、声音、动画等多媒体形式出现，这就几乎涵盖了所有传统证据类型。二是提交给法庭时的形式多样性。例如，可以以电子文件的形式提供，或以传统物证、书证或视听资料的形式提供，也可以由第三方公证或技术鉴定机构鉴定作为证据提供。

电子数据经磁性载体反映到数据显示设备上表现的形式是多种多样的，不仅可体现为文本形式，还可以图形、动画、音频、图像、视频等多媒体形式出现，计算机运行的程序语句以及它们的复合形式，也可以输出到计算机外部设备上，这极大地改变了传统证据的运作方式并且更使电子证据具有复合性的特点。

（五）技术性

电子证据是现代高科技发展的重要产物和先进成果，是现代科学技术在诉讼证据上的体现，它与其他证据相比技术含量高，可以反复重现。如果没有外界的蓄意篡改或差错的影响，它很少受主观因素的影响具有较强的证明力。也正是由于电子证据的技术性，很多电子证据的收集和审查判断，往往需要计算机专家凭借尖端技术来进行。

电子数据与其他证据的主要区别在于存在状态的不同。物证、书证是存在于现实物理空间内的，虽然是基于物的不同属性来实现其证据的功能，但都是以人类可以直接感受的客观实在物来证明案件事实；电子数据是存在于虚拟空间内的，以人类无法直接感受的数据来证明案件事实（人类对数据的解读必须借助信息技术进行转换），而数据依附于一定的电子设备上（如计算机、网络、手机等）。把握了这一特性，就可以准确地区分电子数据与其他证据。

综上所述，“电子”是指事物依赖于信息技术和电子设备的一种特性，“数据”是信息在电子设备中进行传播时的载体和形态。因此，法律中的“电子数据”的完整概念可以表达为：借助现代信息技术、利用电子设备生成、存储、传输而成的，以电子形态存在的证明案件事实的数据（包括模拟数据与数字数据），可简言之为“以电子形态存在的数据”。①

三、电子数据的种类

2012 年 12 月发布的《最高人民法院关于适用〈中华人民共和国刑事诉讼法〉的解释》第九十三条列举了电子邮件、电子证据交换、网上聊天记录、博客、微博客、手机短信、电子签名、域名等电子数据。

除了上述几类明确界定的电子数据，电子数据的附属信息也需要特别重视。电子数据附属信息是指在取证时要收集和提取电子数据的附属证据或信息，以确保电子数据的全面性。在电子数据取证的过程中，一个关键信息是公民、法人或社会组织的身份认证。在现实社会中，以身份证或组织机构代码来证明法律认可的身份。在网络上是有 ID、昵称。电子数据能够获得法院的认可，首先要证明这个电子数据的内容与本案的原告、被告或者利害关系人有联系。电子数据来源于互联网和终端设备。随着电子商务的发展，要求实名认证，通过邮箱、手机号码、电话、家庭住址、身份证号码，一系列的

① 赵长江、李翠：《“电子数据”概念之重述》，载《重庆邮电大学学报（社会科学版）》，2015，27（6）。

方法或者方式来认证用户的个人身份信息。电子数据取证时，首先要确认身份。通过手机号码、邮箱、QQ 号等，或者综合都需要来固定。

第二节　我国电子数据相关法律规定

一、法律

电子数据、电子签名、电子合同等是电子商务立法中的重要角色。有关电子数据的相关规定主要和电子签名有关，自 2004 年我国颁布《电子签名法》后，相关法律法规和技术标准的建立工作稳步推进。各类电子商务活动对电子合同的需求变得愈发强烈，《电子商务第三方交易平台服务规范》《电子合同在线订立流程规范》和《网络借贷信息中介机构业务活动管理暂行办法》等文件均明确了电子签名的法律地位和使用规范，为第三方电子签名和数据存证服务的应用推广创造了必要条件。与此同时，政府机构在政务信息化的推进过程中，为完善电子政务内网的建设和优化网上公共服务的流程，正在成为第三方电子签名服务的积极践行者。浙江省“最多跑一次”改革通过“网上申报、网上受理、网上审核、身份认证、电子签章、电子归档”等方式，在加快推进商事登记全程电子化方面取得显著成果，未来有望在全国范围内复制推广。除了政府因为服务能力提升而加强电子政务服务能力之外，商业化的大规模电子数据应用也在倒逼监管部门完善相关规定，保障电子签名、电子数据、合同存证行业的健康发展。

表 1　　2000 年以来电子签名行业相关法律法规

发布时间	发布部门	文件名称
2000 年	工业和信息化部	《互联网信息服务管理方法》
2004 年	全国人民代表大会常务委员会	《中华人民共和国电子签名法》
2007 年	商务部	《商务部关于网上交易的指导意见（暂行）》
2007 年	公安部等	《信息安全等级保护管理办法》
2009 年	工业和信息化部	《电子认证服务管理方法》
2009 年	国家密码管理局	《电子认证服务密码管理办法》

续表

发布时间	发布部门	文件名称
2010 年	国家密码管理局	《证书认证系统密码及其相关安全技术规范》
2010 年	工商局	《网络商品交易及有关服务行为管理暂行办法》
2011 年	商务部	《电子商务第三方交易平台服务规范》
2013 年	商务部	《电子合同在线订立流程规范》
2015 年	网信办等	《网络借贷信息中介机构业务活动管理暂行办法》
2018 年	互联网金融协会	《互联网金融个体网络借贷电子合同安全规范（征求意见稿）》
2003 年	国家标准	《大宗商品电子交易标准》
2003 年	国家标准	《电子商务协议》
2006 年	国家标准	《时间戳标准》
2009 年	国家标准	《电子商务模式标准》
2009 年	国家标准	《网络交易服务标准》

表 1 的文件既包括法律，行政法规，也包括行业规定和国家标准，规定比较详细，但问题也比较突出。一是时效性比较弱，有的文件发布时间比较早，但电子签名技术的发展非常迅速，所以规定和实践之间存在关联。二是缺少统一权威的规定，除了《电子签名法》的级别和效力比较高之外，其他部委的规定效力一般。

二、司法解释

2016 年 9 月 9 日，最高人民法院、最高人民检察院、公安部联合发布《关于办理刑事案件收集提取和审查判断电子数据若干问题的规定》（以下简称《规定》），自 2016 年 10 月 1 日起施行。《规定》是第一部系统规定刑事诉讼中电子数据取证和认证规则的司法解释性质文件，对解决电子数据取证难、认证难问题具有重要意义。坚持同上位法和相关司法解释、司法解释性质文件保持协调和衔接。对于电子数据取证涉及的程序性问题，诸如初查的要求、技术侦查措施的适用条件等，刑事诉讼法和相关司法解释已有规定的，按照有关规定执行，不再另行规定；对有关规定已经作出明确规定的取证方法，在实践中执行良好的，《规定》予以保留；对虽有规定但不符合实际需要的，《规定》予以完善；对有关规定仅作出原则性规定的，《规定》予以具体化，使其更具有可操作性；对没有明确规定，但在长期实践中形成的较为成熟的做法，《规定》予以明确，进一步完善了电子数据证据规则体系。

第三节　电子数据适用现状

一、电子数据适用范围

这里的适用不仅指日常活动中用到的相关电子数据技术，如个人、企业、政府机构和其他组织涉及的电子政务、合同签署、电子交易、电子认证等。另一个重要的适用领域就是纠纷解决，电子数据在刑事诉讼和民事诉讼中都会大量涉及，如轰动一时的快播案，当时主要的争议点就是对证据的认定，此外，在网络借款和著作权纠纷中也会运用到大量的电子数据。可以预期，随着技术的发展和移动互联网的深入普及，电子数据适用范围会更加广泛。

二、国内电子数据适用现状

本书将电子数据的适用分为两大类，第一类是纠纷解决类适用，第二类则是非纠纷解决适用，简单来说，也就是非证据类适用。本书讨论的重点是第一类，即纠纷解决类的适用情况。我国 2012 年《刑事诉讼法》《民事诉讼法》以及 2014 年修改的《行政诉讼法》分别在第四十八条、第六十三条、第三十三条将电子数据作为一种新的证据种类纳入立法，使其获得了独立的证据地位，电子证据在处理网络金融、网络诈骗、网络谣言、网络诽谤与人身攻击等刑事犯罪与民事侵权案件与纠纷中发挥了重要作用。但相关电子证据规则却零散不堪，没有一个系统的取证、举证、质证、认证操作规范，司法实践中不得不参照既有的证据规则进行收集、保全、审查、判断和运用，在某些经验缺乏的司法机关，对于电子证据不会用、不敢用、不能用，从而使得一些新兴案件的办案质量大打折扣，电子证据应有的作用也不能得以完全发挥。2014 年 11 月 1 日十二届全国人大第十一次会议表决通过了关于修改

《行政诉讼法》的决定，2015 年 5 月 1 日起开始实施的《行政诉讼法》在第三十三条也增加了电子数据为新的证据种类，至此，三大诉讼法在电子证据的立法方面形成了一致，但是电子证据借助科技发展的快速性与法律自身所有滞后性的冲突却不得不引起我们的注意。

第二章　电子证据

第一节　电子证据与电子数据

一、概念辨析

关于电子证据与电子数据的关系，目前，学界有两种主流观点，第一种观点是“一致说”，即电子证据与电子数据在立法意义上是一致的。电子数据最先出现在法律文件中，此后，《公安机关办理行政案件程序规定》（2006 年版）中使用了“电子证据”这一术语，并将其与视听资料并列，作为公安机关办理行政案件时认可的证据种类。2012 年的民事诉讼法修改后，明确将“电子数据”规定为法定的证据种类，2012 年最高人民法院《关于适用〈中华人民共和国刑事诉讼法〉的解释》《人民检察院刑事诉讼规则（试行）》《公安机关办理刑事案件程序规定》《公安机关办理行政案件程序》等法律规定开始统一使用“电子数据”这一术语，此后我国法律理论界与实务界基本达成一致意见，统一使用电子数据，2016 年最高人民法院、最高人民检察院、公安部出台的《电子数据规定》更加详细规定了电子数据这种新型的证据种类。因此，在法律界，电子数据与电子证据被等同视之。第二种观点是区别说，电子数据和电子证据并不是同一个概念，电子证据肯定属于电子数据，电子数据体现了各类电子证据的本质属性和共同特征；电子证据则是经过法定程序确定的证据类型，电子证据属于电子数据，但并不是所有的电子数据都能成为电子证据，这是两个维度的概念。本书赞成第二种观点，法学和司法界的通用特例不能模糊电子数据与电子证据的内涵和外延，本书对此进行了专门章节的论述。

在《刑诉法》修订之前，无论是在理论研究，还是在国内一些部门规章或规范中，“电子数据”与“电子证据”均存在大量的混用的局面，“电子证据”的使用频率远超过“电子数据”。如公安部《计算机犯罪现场勘验与电子证据检查规则》（公信安〔2005〕161 号）中既使用了“电子证据”也使用了“电子数据”，该规则第二条规定“电子证据包括电子数据、存储媒介和电子设备”，这些都显示了术语使用的混乱。在《刑诉法》修订后，司法解释与部门规范性文件均采用了“电子数据”统一的术语，没有再使用“电子证据”。

电子证据具有非常广泛的含义，那些将其简单地等同于计算机证据、数字化证据或者音像证据的观点是片面的。与传统证据种类相比，电子证据又体现出以下特殊性：

（1）存在方式上，电子证据是通过信息中的某些特征值来记载电子信息内容的。数字化电子证据表现为 0 和 1 两个二进制数字，展现给我们看到的其他形式的“数据”，是因为计算机语言、编辑手段及编程方式等演绎的结果。

（2）保存方式上，电子证据需要借助一定的电子介质。电子证据是以电子形式存储在各种电子介质上的，与传统证据有很大不同。例如，传统书证的主要载体是纸张、布帛及其他可写物质，传统证人证言主要借助于记忆等。

（3）感知方式上，电子证据必须借助电子设备，否则其内容就无法展示。

（4）传播方式上，电子证据可以快速广泛地传播。这个特点使照片在几小时之内可传遍中国，冲出亚洲，走向世界，若用原始纸张载体，绝对不可能如此迅速、广泛。

（5）安全性上，电子证据容易被篡改、破坏，并且不易被发现，除非借助于计算机专家，才能找到破坏留下的线索。另外，原始书证被销毁后，就可能永远消失，而电子证据被删除、破坏后，却能依据一定的技术手段予以恢复。

如前所述，电子数据是以电子形态的数据来证明案件事实的一个证据种类，以材料说的观点来看，证据内容是“信息”，即案件事实的信息；证据载体是“数据”（数字数据或模拟数据），案件信息是依附于数据这一载体上，再通过信息技术和电子设备解读出来。由于电子数据系依赖信息技术在电子设备中生成、存储、传输，因此电子数据的“数据”载体一般还需再依附于一定的电子设备。

与定义林立的“电子证据”相比，“电子数据”却是一个概念相对统一的源自计算机行业内部的高科技移植术语，其内涵与外延都比较明确。正是基于“电子数据”的前述特点，再加上其他备选概念（包括“电子证据”）自身的模糊性、局限性，正式立法就不能不优先考虑令“电子数据”占位，以满足实践的紧迫需求。

二、类型与适用

随着信息化时代的发展，电子证据已经衍化出了纷繁复杂的形式。它比较常见的形式有：一是现代通信技术应用中出现的电子证据，常见的有电报电文、电话录音、传真资料、手机通话记录等；二是电子计算机技术应用中出现的电子证据，常见的有单个计算机文件、计算机数据库、计算机日志等；三是网络技术应用中出现的电子证据，常见的有电子邮件、电子公告牌记录、电子聊天记录、电子数据交换、电子报关单、电子货币及交易记录、黑匣子记录、智能交通信息卡资料等；四是电视电影技术等应用而产生的电子证据，如影视胶片、VCD、DVD 光盘资料等。此外还有电子签章、电子资金划拨等，而电话录音、电子文件、数据库文件、手机短信等也常被列入电子证据的范畴。

电子证据的适用范围很广，在三大诉讼法中都有明确的规定，此外在仲裁、司法鉴定中也有适用，随着技术的发展与纠纷解决机制的完善与丰富，电子证据的适用场景会更多，也会受到更多关注。

第二节　电子证据适用规则

在明确了电子证据的法律地位之后，为了使电子证据能够在司法实践中得到运用，必须对电子证据进行两方面的研究：第一，什么样的电子证据能够进入司法程序，即电子证据的证据能力问题；第二，电子证据进入司法程序之后能够起到多大程度的证明作用，即电子证据的证明力问题。

一、电子证据的证据能力

我国学界普遍认为，证据必须符合真实性、关联性、合法性的标准才能作为有效的证据，才能作为认定案件事实的依据。《最高人民法院关于民事诉讼证据的若干规定》第五十条规定："质证时，当事人应当围绕证据的真实性、关联性、合法性，针对证据证明力有无以及证明力大小进行质疑、说明与辩驳"。虽然，该条是关于质证对象的规定，即证据的"三性"——真实性、关联性、合法性，但是，法院在认定证据的法律效力时也是围绕这三性来决定是否予以采纳。

电子证据的证据能力的认定也以证据的"三性"为标准。笔者主要讲一下证据的真实性，它是指用于证明案件事实的材料必须是真实存在的，不是想象的、虚构的、捏造的。证据的真实性分为形式上的真实性和实质上的真实性，实质上的真实性也可称为内容的真实性。由于我国法律对于证据的证据能力和证明力标准的规定不是很明确，于是，许多学者认为审查证据的真实性应从形式和内容两方面进行审查。笔者认为，证据形式上的真实性应属于证据能力的范畴，即证据是否能进入司法程序；证据内容上的真实性应属于证明力的范畴，即证据的证明力大小。因此笔者赞同何家弘教授的观点"真实性，即形式上真实的简称，是指用于证明案件事实的证据必须至少在形式上是或表面上是真实的，完全虚假或伪造的证据不得被采纳"。

二、电子证据的证明力

电子证据的证明力是指电子证据能在多大程度上证明案件事实，电子证据是否具有真实性、关联性、合法性解决的是证据能力的问题，即能否进入诉讼程序中，而电子证据的真实性程度、关联性程度则负责解决证明力问题。在此需要说明的是，合法性属于证据能力问题，与证明力无关。联合国国际贸易法委员会 1996 年的《电子商务示范法》第九条第二款强调了对电子证据生成、储存、传输、保存方法的可靠性进行了严格的审查"在评估一项数据电文的证据时，应考虑到生成、储存或传递该数据电文的办法的可靠性，保护信息完整性的办法的可靠性，用以鉴别发端人的办法，以及任何其他相关因素"。该法的第八条强调了考察电子证据完整性的标准，包括电子证据最终的形态是否是其生成时的形态、信息是否可以完整展示、信息内容是否保持完整、未经改变以及参照信息生成的目的具体判断原则。法官在审查判断电子证据的证明力时难以把握“真实性程度”这个比较模糊的概念，《电子商务示范法》设置了一系列具体的规则，通过审查电子证据的可靠性以及完整性来认定其证明力大小，因此，我们可以用“可靠性”“完整性”来指称“真实性程度”。

（一）收集与保全

《刑诉法解释》第六十二条规定“审判人员应当依照法定程序收集、审查、核实、认定证据”。

电子数据的提取与固定的方法多样。在刑事案件中，公安机关对于电子数据证据的固定和提取的手段相对单一。在互联网金融 P2P 引发的非法吸收公众存款的案件中，公安机关对以 P2P 方式非法吸收公众存款的公司进行搜查，并扣押 6 台电脑。电脑里存储的电子数据能够反映被告人进行非法吸收公众存款的犯罪事实。随后，公安机关向上级机关只提交 6 块硬盘。硬盘包括财务报表等数据信息以证明被告人的犯罪事实。在电子数据的提存原物与提交上级机关导出数据，或者对数据进行提取和分析，并不是同一物。同时，在证据原物的保管、移交、拆解过程，公安机关没有任何的记录。按照《刑事诉讼法》规定，上述证据属于取证方式有瑕疵的非法证据。电子数据的提取与固定需要规范化。同时要注意，固定和提取电子数据的附属信息、环境信息。比如存储介质的状态、系统运行的进程、操作系统信息、网络连接信息、硬件配置信息等。电子数据的附属信息并不直接证明案件事实，但是能够证明案件事实的电子数据的真实性和原始性。

电子数据提取与固定的方法比较多样，可以通过下载、截屏、打印、录像、照相、时间戳等方式来收集证据。时间戳属于一种新型的电子数据提取与固定方式。2012 年，广东省深圳市龙岗区人民法院创立 TSA（Time Stamp Authority）可信时间戳系统用于固化电子证据。该系统结合可信时间戳和电子签名技术，其作用是对在特定时间取得特定证据（需鉴别的电子证据内容）的状态予以确定。在一起合同案件中，当事人通过电子邮件方式订立合同。电子数据形成时，可以通过时间戳方式来固定。一旦双方当事人发生纠纷，可以将带有时间戳的电子证据提交给法庭，可以证明文件的形成时间。时间戳可以证明电子数据的原始性。另外，由于计算机系统处于动态运行状态，需要使用特殊电子证据提取与固定方法。互联网信息的稳定性较弱，要进行动态获取，对计算机系统进行在线分析，并对电子设备和存储介质要进行封存。也就是说，计算机系统的运行过程需要实时保存。从设备开机时就开始记录，在没有把相关电子数据固定提取完以前，不能关机。一旦页面关闭，重新打开，从技术上来看，所收集的电子数据并不是原始状态。电子数据动态获取的原则是指不得将生成提取的数据存储在原始存储介质中，不得在目标系统中安装新的应用程序。若存在特殊原因，需要在目标系统中安装新的应用程序，应当记录安装的程序和目的。目前，电子数据收集过程中有安装屏幕录屏软件。录屏软件可以对电子数据的收集整个过程进行录像，并且形成一个独立的文件。

公证保全是电子数据提取与固定的一种重要方式。我国法律对公证取得的证据承认其预决的真实性，除有相反证据外不得推翻。《最高人民法院关于民事诉讼证据的若干规定》第七十七条规定指出“经公证电子证据的证明力大于非经公证的电子证据”。通常，收集电子数据以证明法律行为的公证由当事人进行操作；收集电子数据以证明法律事实的公证由公证机关进行操作。不同的行为对于公证书证明力的大小是有影响的。电子数据证据公证保全地点应当在公证机构或者在第三方机构，不应在申请人的所在地。电子数据固定与提取所使用的计算机设备或者其他电子存储设备，应当使用公证机构或者中立第三方提供的设备。电子数据的公证保全应当遵循公证机构的行业标准。公证机构的行业标准有《公证业务的指引》《办理保全互联网电子证据公证的指导意见》。目前，电子数据出现一种新型保全方式。杭州安存网络科技有限公司是一家专业致力于提供证据留存、证据获取、证据管理等法律服务产品的互联网运营商。该公司与各地公证机关合作以“全数据生命周期——电子数据存管与证明体系”为理念，推出“安存语录”（全球首个一站式语音公证数据解决方案）、“公证邮”（电子邮件信息的存管与证明）、“无忧保全系统”（全球首个一站式网页抓取存证及自主知识产权备案平台）、“无忧存证”（金融领域在线协议及交易数据存管与证明）四大系统，并正在研发“公证旺旺”（即时通信电子数据证据存管与证明）、“两码两人”（组织代码中心数据证据存管与证明）、“云上贵州”（智慧城市的云上法治生态系统）

三大系统，同时与最高人民法院、中国互联网协会共同成立电子数据证据规则研究院，多角度解决电子证据取证的技术难题。

电子数据固定与提取应当确立科学、合理的实施步骤。也就是说，对于易丢失的电子数据应当优先固定、提取。优先查找在缓存和内存中的数据、已经打开但还没有保存的文档、最近的聊天记录、用户密码等。

1. 提取

关于对取证人员和取证方法的要求。《关于办理网络犯罪案件适用刑事诉讼程序若干问题的意见》（以下简称《意见》）规定“收集、提取电子证据，应当由二名以上具备相关专业知识的侦查人员进行”。

《意见》的上述规定主要考虑到电子数据取证的技术性较强，要求取证人员具备一定的专业技术知识，但该规定只是原则性规定，“具备相关专业知识”的标准模糊、不易判断。随着信息网络技术的发展，越来越多的普通刑事案件需要收集、提取电子数据，电子数据取证已成为基础性、普遍性的侦查工作。实践中，侦查人员通常会在扣押、封存电子数据原始存储介质后将提取电子数据的工作交给相关技术部门或者委托鉴定机构完成。

根据《刑事诉讼法》的规定，侦查人员进行勘验或者检查，在必要的时候，可以指派或者聘请具有专门知识的人，在侦查人员的主持下进行勘验、检查。按照上述规定，在勘验、检查现场收集、提取电子数据时，可以在侦查人员的主持下指派或者聘请具有专门知识的人参与，这能够在一定程度上弥补侦查人员自身专业知识的不足。事实上，只要取证过程符合法定程序和相关技术规范，能够保证收集、提取的电子数据的真实性、完整性即可，没有必要在侦查人员是否具备专业知识的问题上做硬性要求。有鉴于此，《关于办理刑事案件收集提取和审查判断电子数据若干问题的规定》（以下简称《规定》）删去了“具备相关专业知识”的内容。关于电子数据取证方法，《意见》规定“取证设备和过程应当符合相关技术标准，并保证所收集、提取的电子数据的完整性、客观性”。但是，随着科技进步，取证设备的更新速度很快，相关技术标准很难跟得上取证设备的发展。在一些高科技犯罪案件的侦办过程中，甚至没有现成的取证设备，侦查人员只能自行开发取证工具。在这种情况下，如果以新式取证设备或者侦查人员自己开发的工具没有相关技术标准为由而将收集、提取的电子数据予以排除，显然不合适。因此，《规定》没有对取证设备的技术标准作出要求，仅要求取证方法应当符合相关技术标准。实践中，对相关取证设备有疑问，可以通过出具说明、侦查实验、程序功能检验或鉴定予以验证。

在刑事诉讼中，合法取证的判断标准主要有“非法证据排除规则来衡量”。《刑事诉讼法》第五十四条规定“采用刑讯逼供等非法方法收集的犯罪嫌疑人、被告人供述和采用暴力、威胁等非法方法收集的证人证言、被害人陈述，应当予以排除。收集物证、书证不符合法定程序，可能严重影响司法公正的，应当予以补正或者作出合理解释；不能补正或者作出合理解释的，对该证据应当予以排除”。在民事诉讼中，《证据规则》第六十八条规定“以侵害他人合法权益或者违反法律禁止性规定的方法取得的证据，不能作为认定案件事实的依据”。

电子数据取证需要遵守合法性原则。在刑事诉讼中，侦查机关取证不仅需要符合法定的证据形式（种类），而且需要符合法定的取证程序。收集电子数据包括以公开手段的搜查、扣押和以秘密手段进入计算机系统截取信息两种方式，这些手段的使用无疑限制甚至剥夺了公民的财产权、隐私权和通讯自由权。在电子数据强制取证时，应结合其特质，找到适用强制侦查原则的具体方式。

2. 原始存储介质扣押

扣押电子数据原始存储介质。电子数据依赖于具备数据信息存储功能的电子设备、硬盘、存储卡等存储介质而存在。侦查机关（部门）可以在扣押原始存储介质之后提取电子数据，只要原始存储介质未被损坏，提取的过程就可以重复操作。因此，为保证电子数据的完整性，在收集电子数据时应尽量获取电子数据的原始存储介质。《意见》确立了“以扣押原始存储介质为原则，以直接提取电子数据为例外”的取证规则，规定“收集、提取电子数据，能够获取原始存储介质的，应当封存原始存储介质，并制作笔录，记录原始存储介质的封存状态，由侦查人员、原始存储介质持有人签名或者盖章；持有人无法签名或者拒绝签名的，应当在笔录中注明，由见证人签名或者盖章。有条件的，侦查人员应当对相关活动进行录像”。有意见提出，“能够获取原始存储介质”的表述有歧义。例如，侦查机关（部门）能够找到并接触到原始存储介质，但是该原始存储介质无法封存或者不便移送，是否属于能够获取原始存储介质？实际上，这里的“能够获取原始存储介质”表述为“能够扣押原始存储介质”更准确。因此，《规定》第八条在表述上作出了相应的调整，规定“收集、提取电子数据，能够扣押电子数据原始存储介质的，应当扣押、封存原始存储介质，并制作笔录，记录原始存储介质的封存状态”。

针对实践中办案机关对电子数据原始存储介质的封存有不规范的问题，《规定》要求，封存电子数据原始存储介质，应当保证在不解除封存状态的情况下，无法增加、删除、修改电子数据。封存前后应当拍摄被封存原始存储介质的照片，清晰反映封口或者张贴封条处的状况。封存手机等具有无线通信功能的存储介质，应当采取信号屏蔽、信号阻断或者切断电源等措施。

电子数据对信息技术与电子设备的依赖是缺一不可的，如果不依赖电子设备生成与存储，虽然可能使用了信息技术或电子设备，但这类证据就不属于电子数据。如利用 3D 打印机形成的模型或产品，如果进入司法领域就属于物证，因为它可以脱离电子设备而存在，并以其物理属性来证明案件的事实。该条的意思是强调电子数据原始存储介质的扣押要特别注意电子数据与电子设备的不可分离性，否则就有可能因为形态的变化而归为其他的证据类型。

3. 直接提取电子数据和通过网络在线提取电子数据。

直接提取电子数据和通过网络在线提取电子数据。《规定》第九条第一款规定，无法扣押原始存储介质的，可以提取电子数据，但应当在笔录中注明不能扣押原始存储介质的原因、原始存储介质的存放地点或者电子数据的来源等情况，并计算电子数据的完整性校验值。无法扣押原始存储介质的情形主要有：（1）原始存储介质不便封存的；（2）提取计算机内存数据、网络传输数据等不是存储在存储介质上的电子数据的；（3）原始存储介质位于境外的；（4）其他无法扣押原始存储介质的情形。

随着互联网的发展，电子数据与网络的关系越来越密切，提取电子数据可不受空间的限制，并能够保证电子数据的真实性和完整性，司法实践中，通过网络在线提取电子数据已经成为重要的侦查取证方式。在《规定》征求意见过程中，基层侦查实务部门强烈建议明确通过网络在线提取的电子数据的证据效力。全国人大常委会法制工作委员会也认为，对于通过网络在线提取的电子数据，只要取证过程能够保证电子数据的真实性、完整性，可以作为证据使用。为此，《规定》第六条明确了网络在线提取电子数据的证据效力，第九条第二款规定“对于原始存储介质位于境外或者远程计算机信息系统上的电子数据，可以通过网络在线提取”。我们认为，对于原始存储介质位于异地，或者原始存储介质虽然位于本地，但案件尚在初查过程中，侦查人员不便进入现场、不及时提取电子数据可能造成证据灭失，且相关电子数据能够通过网络在线提取的，属于该款规定的“远程计算机信息系统上的电子数据”，可以通过网络在线提取。

需要说明的是，《规定》第九条第一款规定的直接提取电子数据和第九条第二款规定的通过网络在线提取电子数据都规定了“原始存储介质位于境外”这个条件。可能使人理解为直接提取电子数据一般是在进行现场勘验、检查过程中通过犯罪现场的计算机设备直接提取，而通过网络在线提取电子数据则是通过任意一台计算机设备连接互联网在线提取电子数据。但实际上，在原始存储介质位于境外的情况下，无论从哪一台计算机设备上提取，都不是从原始存储介质上提取，而是通过网络进行操作，但从保证电子数据的真实性、完整性的效果上看，通过网络在线提取电子数据和从原始存储介质上直接提取电子数据又没有实质性差别。因此，直接提取电子数据和通过网络在线提取电子数据并不是并列关系，而是包含与被包含的关系，直接提取包括通过网络在线直接提取。

4. 网络远程勘验和技术侦查措施

《规定》第九条规定“为进一步查明有关情况，必要时，可以对远程计算机信息系统进行网络远程勘验。进行网络远程勘验，需要采取技术侦查措施的，应当依法经过严格的批准手续”。以往司法实践中没有明确区分网络在线提取电子数据和网络远程勘验的概念，一般统称为远程勘验。二者都是通过网络进行操作，最终的目的也都是提取电子数据，两者区别在于，网络在线提取，只是通过网络公共空间对网页、网上视频、网盘文件上的电子数据进行提取，可以理解为从网上下载文件。而网络远程勘验，则是通过网络对远程计算机信息系统实施勘验，发现、提取与犯罪有关的电子数据，记录计算机信息系统状态，判断案件性质，分析犯罪过程，确定侦查方向和范围，为侦破案件、刑事诉讼提供线索和证据的侦查活动。网络远程勘验类似于对犯罪现场的勘验，现场勘验的任务是进入与犯罪有关的场所，发现、固定、提取与犯罪有关的痕迹、物证及其他信息，记录现场的有关情况，判断案件性质，分析犯罪过程，确定侦查方向和范围，为侦查破案、刑事诉讼提供线索和证据。在传统犯罪中，犯罪嫌疑人会在犯罪现场留下指纹、脚印、DNA、凶器等痕迹和物证。而在网络犯罪等高科技犯罪中，犯罪嫌疑人使用计算机、网络、手机等智能终端设备时，在虚拟空间中也会留下相关的犯罪痕迹和侦查线索，与传统犯罪现场相比，遗留的线索和证据材料多是以电子数据的形式存在。网络犯罪现场可能是一台计算机、一部手机、一个局域网甚至是一个大型网络，可能涉及多个地域。犯罪嫌疑人的物理活动范围和涉案电子设备的物理地址有可能是分离的，比如，犯罪嫌疑人在国内，赌博网站、淫秽色情网站的服务器托管地却在国外。网络远程勘验的目的就是进入特定计算机信息系统去寻找与犯罪相关的证据，判断案件性质，分析犯罪过程。

由于一些技术侦查措施也能够通过网络完成，因此，利用计算机网络实施的技术侦查措施和网络远程勘验可能存在交叉。对于二者的界限，目前认识尚不统一，《规定》未予以明确，有待进一步研究。一般认为，网络远程勘验属于一般性的侦查活动，侦查机关（部门）均可以执行，而采取技术侦查措施有着严格的适用范围、审批程序、种类和执行部门的限制。根据《刑事诉讼法》第一百四十八条规定，公安机关在立案后，对于危害国家安全犯罪、恐怖活动犯罪、黑社会性质组织犯罪、重大毒品犯罪或者其他严重危害社会的犯罪案件，检察机关在立案后，对于重大的贪污、贿赂犯罪案件以及利用职权实施的严重侵犯公民人身权利的重大犯罪案件，根据侦查犯罪的需要，经过严格的批准手续，可以采取技术侦查措施。根据《规定》第二百五十五条规定，技术侦查措施是指由设区的市一级以上公安机关负责技术侦查的部门实施的记录监控、行踪监控、通信监控、场所监控等措施。我们认为，侦查人员未经授权，采取侵入或者控制他人计算机信息系统的手段，对他人的记录、行踪、通信等进行监控的，应当认定为技术侦查措施，必须符合刑事诉讼法规定的条件，并依法经过严格的批准手续，方可实施。

5. 采取打印、拍照或者录像等方式固定证据

《意见》明确了收集、提取电子数据应当以扣押原始存储介质为原则，以直接提取电子数据为例外。《规定》重申了这一原则。但是，我们注意到，实践中存在既无法扣押、封存原始存储介质，又不能提取电子数据的情况。例如，目前市场上流行的一些即时通信软件（如“支付宝”“钉钉”等）开发

了“阅后即焚”功能，开启这种通信模式后，用户在点击阅读信息后5秒左右该信息即被自动删除，并且常常采用覆盖删除的方式，难以恢复，这就需要在极短的时间内迅速将电子数据固定下来，否则相关证据将灭失，即使扣押、封存手机也无法恢复数据。还有船舶的导航系统等部分工控系统，只有操作界面，没有接口可以导出数据，侦查机关（部门）不可能将整个船舶或者大型系统扣押，因此，既有的取证规则明显不能适应现实需要。此外，在实践中，大量的轻微刑事案件是由基层公安机关派出所侦办，但派出所往往没有专业取证设备，或者由于技术条件的限制，无法直接提取电子数据，为防止证据灭失，需要及时采取必要措施将证据固定下来。基于上述考虑，《规定》第十条规定“由于客观原因无法或者不宜依据第八条、第九条的规定收集、提取电子数据的，可以采取打印、拍照或者录像等方式固定相关证据，并在笔录中说明原因”。需要注意的是，打印、拍照、录像等方式只能在无法扣押、封存原始存储介质，又不能提取电子数据的情况下使用，并在笔录中注明原因。

6. 冻结电子数据

随着云计算、大数据等信息技术的发展，越来越多的电子数据存储在云系统中，无法扣押原始存储介质，直接提取海量电子数据的难度非常大，不仅耗时、费力、低效，难以保证提取过程中电子数据不会被篡改和灭失，并且在提取后不便展示，这给侦查取证带来很大困扰。例如，2015年4月，浙江省宁波市余姚市公安局通过前期侦查，对涉及全国多个省市的网络贩卖传播淫秽视频团伙进行了统一抓捕，共计抓获21名犯罪嫌疑人，查扣涉案网盘近千个，在远程提取过程中面临困难，按照一条100兆光纤（属于较高级别带宽）下载速度及运营商能够提供的最高限速，在全程无中断情况下，预计花费时间为15～16个月。又如，“E租宝”案中大量电子证据是从云系统提取的，这些数据只有在云环境下才方便查看、筛选，为提取后查看、筛选这些数据，公安机关不得不耗费大量人力物力又搭建了一个相同的云环境，增加了不必要的办案成本。

为了解决上述问题，《规定》第十一条、第十二条创设性地规定了冻结电子数据的证据保全措施，明确了在四种情形下，经县级以上公安机关负责人或者检察长批准，可以要求电子数据持有人、网络服务提供者或者有关部门协助侦查机关（部门）对数据进行冻结：一是数据量大，无法或者不便提取的；二是提取时间长，可能造成电子数据被篡改或者灭失的；三是通过网络应用可以更为直观地展示电子数据的；四是其他需要冻结的情形。冻结电子数据的目的是在一定时间内（通常是诉讼期间内）使电子数据不被增加、删除或者修改，甚至不能被未经授权的人员查看。冻结电子数据的方法应当采取以下一种或者几种方法：一是计算电子数据的完整性校验值；二是锁定网络应用账号，如设置相应的访问控制权限；三是其他防止增加、删除、修改电子数据的措施。实践中，大部分网络服务提供商已经面向用户开展冻结服务，并且具备了内部的技术操作规范，能够保证在技术上安全可行。另外，公安部也正在就冻结的具体技术问题制定相应行业标准。关于冻结电子数据的展示问题，按照《规定》的要求，侦查机关（部门）应当要求网络服务提供者提供查看工具以及查看方法的说明。实践中，还可以请有专门知识的人协助进行展示。关于冻结和解除冻结电子数据的程序，《规定》明确，冻结电子数据应当制作协助冻结通知书，注明冻结电子数据的网络应用账号等信息，送交电子数据持有人、网络服务提供者或者有关部门协助办理。解除冻结的，应当在三日内制作协助解除冻结通知书，送交电子数据持有人、网络服务提供者或者有关部门协助办理。

7. 调取电子数据

《规定》第三条和第十三条对调取电子数据作出了规定。法院、检察机关和公安机关有权依法向有关单位和个人收集、调取电子数据。有关单位和个人应当如实提供。调取电子数据，应当制作调取证据通知书，注明需要调取电子数据的相关信息，通知电子数据持有人、网络服务提供者或者有关部门执行。

（二）认定

电子证据和传统的证据一样，应当具有证据能力和证明力。所谓的证据能力就是电子证据的一个资格，而证明力就涉及电子数据本身对于案件事实的证明。

为保证电子数据从生成到输出不受“污染”，确保电子证据的真实性、合法性、关联性，在“事前”对数据处理，也是保证电子证据具有证明能力与证明力。电子证据检验分析技术包括信息隐藏技术、加解密技术、数字签名和数字时间戳技术、数字摘要技术和电子认证技术。信息隐藏技术是一种密写技术，在数据完成后将重要数据隐藏于一般文件中进行传输，读取人用特定方法读取，可以最大限度地保护信息不受破坏。隐藏方法主要有数字水印技术、隐写术、可视密码、隐匿协议、潜信道等。加解密技术包括数据传输端的加密（表现为乱码）技术和数据接收端的解密技术，是电子商务活动中采取的主要安全保密措施。数字签名和数字时间戳技术是对数据传送者身份和数据传送时间的认证技术。数字摘要技术也称作 HASH 安全编码法，采用单项 Hash 函数对文件中若干元素变换算法得到固定长度的摘要码，接收方用相同方法变换算法得出计算结果，若摘要码相同，可断定文件未被篡改，反之亦然。电子认证技术一般指 CA 认证中心核发的数字证书技术，通过“网络身份证”的核发来确认信息主体身份，维护信息交换安全。

诉讼中应当提交证据原件是各国普遍适用的规则。电子证据是存储于电子介质中的数据信息，在证明案件事实时需要将数据编码转化为人们可以识别的形式，引发电子证据的原件如何识别的问题。在调查收集证据的场合，电子证据的原件应当指最初生成的电子数据及其首先固定所在的各种存储介质，如果某一电子证据首先固定于某块计算机硬盘上，则该硬盘或其上的电子数据就是原件；如果某一电子证据首先固定于磁带、软盘或光盘上，则磁带、软盘、光盘或其上的电子数据就是原件。在举证、质证和审核认定证据时，应当进行适当地变通。

电子证据鉴定工作起步较晚，具有合格资质的社会鉴定机构少，具备专业电子证据鉴定技术的机构屈指可数。根据我国《民事诉讼法》第七十六条①、第七十七条②和第七十八条③规定，在涉及电子证据这类专业性问题时，当事人可以向人民法院申请鉴定，或者由人民法院根据需要，委托具备资格的鉴定人进行鉴定。在对鉴定意见有异议时，鉴定人必须出庭作证，接受当

---

① 《民事诉讼法》第七十六条：当事人可以就查明事实的专门性问题向人民法院申请鉴定。当事人申请鉴定的，由双方当事人协商确定具备资格的鉴定人；协商不成的，由人民法院指定。

当事人未申请鉴定，人民法院对专门性问题认为需要鉴定的，应当委托具备资格的鉴定人进行鉴定。

② 《民事诉讼法》第七十七条：鉴定人有权了解进行鉴定所需要的案件材料，必要时可以询问当事人、证人。鉴定人应当提出书面鉴定意见，在鉴定书上签名或者盖章。

③ 《民事诉讼法》第七十八条：当事人对鉴定意见有异议或者人民法院认为鉴定人有必要出庭的，鉴定人应当出庭作证。经人民法院通知，鉴定人拒不出庭作证的，鉴定意见不得作为认定事实的根据；支付鉴定费用的当事人可以要求返还鉴定费用。

事人和法官的询问，确保鉴定结果的真实性。

目前，电子证据取证验证技术包括数据恢复技术、数据扫描技术、数据对比技术、文件指纹特征分析技术和数据挖掘技术。数据恢复技术是指根据数据的破坏程度进行不同等级的恢复，也包括不可见区域数据的再现。证据内容被破坏的情形很是常见，如文件直接被删除、文件或系统被格式化、文件被部分删除引起歧义、存储硬盘被加密无法读取、DOS 系统引起的启动故障等，可以通过 RECOVERY、剩磁检测器等数据恢复工具、系统的重新调整和引导或者剩磁恢复技术来处理。数据扫描技术可以让鉴定人对数据系统快速了解，并对系统被攻击的可能性和途径做出判断，包括安全漏洞扫描、源代码扫描、反汇编扫描和环境注入错误等。数据对比技术包括系统运行程序与备份程序的对比，病毒文件与系统内其他文件的对比等比较研究方法。文件指纹特征分析技术，是指通过分析内存指纹和磁盘指纹的特性寻找出反映文件属性的内容，如创建文件的时间范围等，根据特定日期生成的文件指纹特征推断当日文件系统的运行情况。数据挖掘技术是从大量随机模糊的数据中提取出隐含的有用信息，通过关联规则分析、聚类分析和分类分析的技术方法，识别正常和异常数据。

从司法实践来看，司法鉴定是分析电子证据真实性的有利方法。一方面，司法鉴定人往往具有专业取证的技术能力，而且能够对电子证据的数据信息进行一定程度的技术审查。另一方面，司法鉴定具有中立性和公正性的特点，从主体资格上能够保证电子证据的可靠性和可信性。在个别重大案件中，当事人及律师往往还会采用公证保全和司法鉴定保全的“双保险”措施。在公证人员的见证下由司法鉴定人员开展电子证据保全。民事诉讼电子证据取证活动中，鉴定人员的技术能力与公证人员的法律身份的融合，是电子证据这种技术性证据的应然需求。

1. 收集、提取电子数据的程序要求

《规定》第十四条要求，收集、提取电子数据，应当制作笔录，记录案由、对象、内容，收集、提取电子数据的时间、地点、方法、过程，并附电子数据清单，注明类别、文件格式、完整性校验值等。实践中，尤其需要注意的是，为了确保电子数据的真实性和完整性，应当在第一时间计算完整性校验值，并在笔录中记录下来，以便在之后的诉讼阶段可以通过比对完整性校验值来验证电子数据是否被篡改。《意见》要求在电子数据收集提取笔录中记录电子数据的“规格”。实践中反映，电子数据的“规格”不明确，需要记录什么内容各方认识不一，为此，《规定》删除了记录电子数据“规格”的要求。收集、提取电子数据的笔录应当由侦查人员、电子数据持有人或者提供人签名或者盖章；电子数据持有人或者提供人无法签名或者拒绝签名的，应当在笔录中注明，由见证人签名或者盖章。有条件的，应当对相关活动进行录像。需要注意的是，在收集、提取电子数据的笔录中，一般只需要电子数据持有人（提供人）签字盖章即可，只有当持有人（提供人）无法签名或者拒绝签名的情况下，才应由见证人签名或者盖章。在电子数据持有人（提供人）和见证人均不在场的情况下，必须对收集、提取电子数据的过程进行录像。

2. 电子数据检查和侦查实验

实践中，侦查机关（部门）扣押的原始存储介质中存储的电子数据以及从现场收集、提取的电子数据往往数量巨大，掺杂着许多与案件事实无关的数据，以原始状态移送，很难清晰地证明案件事实，需要进一步分析整理；有的电子数据作了加密处理，无法读取，需要破解密码；有的电子数据被犯罪分子删除或者原始存储介质损坏而遭到破坏，需要通过技术手段恢复数据，才能作为证据移送；在一些情况下，需要对相关电子数据进行统计、关联和比对，例如，在网络赌博案件中，需要在投注额与虚拟点数之间进行换算统计；在网络侵犯知识产权案件中，需要对盗版软件和正版软件进行比对等。这些工作并不是一律需要委托专门机构进行鉴定或者检验，完全可以由侦查人员通过技术手段完成。为此，《规定》第十六条规定“对扣押的原始存储介质或者提取的电子数据，可以通过恢复、破解、统计、关联、比对等方式进行检查”。检查既是发现和提取与案件相关的线索和证据的过程，也是查明案情的过程，是取证工作的延续。通过对电子数据进行检查，能够更加直观地展现电子数据与案件事实的关联性。为保证电子数据检查的可复现性、确保电子数据在检查过程中的真实性、完整性，《规定》对电子数据检查作出如下要求：（1）应当对电子数据存储介质拆封过程进行录像；（2）将电子数据存储介质通过写保护设备接入到检查设备进行检查；（3）有条件的，应当制作电子数据备份，对备份进行检查；（4）无法使用写保护设备且无法制作备份的，应当注明原因，并对相关活动进行录像；（5）应当制作笔录，注明检查方法、过程和结果，由有关人员签名或者盖章。

随着信息技术的发展，犯罪分子借助新技术实施犯罪的手法不断翻新，侦查实验成为侦查机关（部门）查明案情的重要侦查方法。《刑事诉讼法》第一百三十三条规定“为了查明案情，在必要的时候，经公安机关负责人批准，可以进行侦查实验。”第四十八条将侦查实验笔录列为法定证据种类。《公安机关刑事案件现场勘验检查规则》第七十四条规定“为了证实现场某一具体情节的形成过程、条件和原因等，可以进行现场实验。”就电子数据来说，侦查实验的目的主要是验证在一定条件下是否存在特定电子数据，确定计算机程序是否具备特定功能和查明案件情况。例如，2013 年，公安机关发现一个利用生产手机时植入木马实施诈骗的新型犯罪团伙，该团伙伙同多个山寨手机制造厂商，在手机生产时植入硬件级木马，不仅恶意吸收用户话费，而且利用用户手机大量发送诈骗短信，实施诈骗活动，单笔诈骗金额高达 500 万元。但是，当时对于生产手机时植入木马实施诈骗的犯罪手法尚无专门的检验技术，公安机关或者鉴定机构并不具备提取或者分析硬件级木马的能力，公安机关只有利用侦查实验分析硬件级手机木马的功能，证明了被控制的手机数量等事实。实践证明，侦查实验已经成为网络犯罪等高科技犯罪的侦查“利器”。为此，《规定》明确了侦查机关认为必要时可以对电子数据进行侦查实验，并规定了进行侦查实验应当制作侦查实验笔录，注明侦查实验的条件、经过和结果，由参加实验的人员签名或者盖章。

3. 电子数据的鉴定与检验

司法实践中，对专门性问题难以确定时，往往需要由司法鉴定机构出具鉴定意见。但是，电子数据鉴定作为一个新的鉴定领域，有资质的电子数据鉴定机构数量较少，导致许多专门性问题无法由有资质的鉴定人出具鉴定意见。例如，办理危害计算机信息系统安全刑事案件过程中，经常会涉及对计算机病毒、计算机程序功能、数据统计数量、数据同一性认定等问题，但是，具有相应鉴定资质的机构较少，难以满足办案需求。为此，2011 年最高人民法院、最高人民检察院《关于办理危害计算机信息系统安全刑事案件应用法律若干问题的解释》（以下简称《解释》）第十条规定，对于是否属于《刑法》第二百八十五条、第二百八十六条规定的“国家事务、国防建设、尖端科学技术领域的计算机信息系统”“专门用于侵入、非法控制计算机信息系统的程序、工具”“计算机病毒等破坏性程序”难以确定的，应当委托省级以上负责计算机信息系统安全保护管理工作的部门检验。司法机关根据检验结论，并结合案件具体情况认定。《解释》第八十七条第一款规定“对案件中的专门性问题需要鉴定，但没有法定司法鉴定机构，或者法律、司法解释规定可以进行检验的，可以指派、聘请有专门知识的人进行检验，检验报告可以作为定罪量刑的参考”。同时，《解释》第九十三条第二款明确规定“对电子数据有疑问的，应当进行鉴定或者检验”。首次确立了电子数据鉴定和检验并行的原则，有利于发挥检验对鉴定的补充作用。随着电子数据被确认为法定证据种类，电子数据鉴定的需求越来越大，社会上有资质的电子数据鉴定机构的数量也有一定增长，但与现实的司法需求相比，仍有相当差距。因此，鉴定与检验双轨制的做法在一定时期内不会改变。《意见》进一步规定“对电子数据涉及的专门性问题难以确定的，由司法鉴定机构出具鉴定意见，或者由公安部指定的机构出具检验报告”，便利了网络犯罪案件的侦办。考虑到鉴定和检验是审查电子数据的共性问题，并不限于危害计算机信息系统安全刑事案件和网络犯罪案件，同时，对于检察机关办理自侦案件也需要进行电子数据检验，《规定》第十七条规定“对电子数据涉及的专门性问题难以确定的，由司法鉴定机构出具鉴定意见，或者由公安部指定的机构出具报告。对于人民检察院直接受理的案件，也可以由最高人民检察院指定的机构出具报告。具体办法由公安部、最高人民检察院分别制定”。该案对电子数据鉴定和检验并行的原则作了扩展。

鉴定人、检验人出庭质证，有利于保障公诉人和当事人对鉴定意见、检验报告提出异议的权利，也有助于法官查明案件事实。《规定》第二十六条明确了公诉人、当事人或者辩护人、诉讼代理人对电子数据鉴定意见有异议，可以申请法院通知鉴定人出庭作证；法院认为鉴定人有必要出庭的，鉴定人应当出庭作证。经法院通知，鉴定人拒不出庭作证的，鉴定意见不得作为定案的根据。为督促鉴定人出庭，还规定了对没有正当理由拒不出庭作证的鉴定人，法院应当通报司法行政机关或者有关部门。对电子数据涉及的专门性问题作出的报告，也适用上述规定。

审查电子数据鉴定意见或者检验报告需要具备一定的专业知识，但法官是法律专家，不是技术专家。公诉人、当事人、诉讼参与人对电子数据鉴定意见和检验报告的质证，也需要具备相关知识的人提供专业辅助。专家辅助人出庭并发表意见可以为法官审查判断鉴定意见、检验报告提供参考，有助于法庭对鉴定意见、检验报告的科学性作出判断，并能够减少重复鉴定和检验的发生，节约诉讼资源，提高审判效率。同时，强化了庭审对抗，打破了审判过分依赖鉴定意见、检验报告的局面，能够防止错误的鉴定意见和检验报告对法官裁判造成影响。《规定》第二十六条第三款、第四款规定，公诉人、当事人或者辩护人、诉讼代理人可以申请法庭通知有专门知识的人出庭，就鉴定意见和对电子数据涉及的专门性问题的报告提出意见。

（三）举证

对见证人的要求。《规定》第十五条对见证人作了集中规定，要求收集、提取电子数据，应当根据《刑事诉讼法》的规定，由符合条件的人员担任见证人。该条规定仅针对《刑事诉讼法》规定的勘验等需要有见证人在场的情形，而对于电子数据检查、侦查实验等不涉及见证人的问题。根据《刑事诉讼法》第一百三十一条、第一百三十八条、第一百四十条的规定，侦查人员进行勘验、检查、搜查、查封、扣押时，应当有见证人在场。勘验、检查、搜查笔录和查封、扣押清单应当由见证人签名或者盖章。在案件审理过程中，相关笔录、清单是否有见证人签名或者盖章是审判人员着重审查的内容之一。

《解释》第六十七条规定“下列人员不得担任刑事诉讼活动的见证人：(1）生理上、精神上有缺陷或者年幼，不具有相应辨别能力或者不能正确表达的人；(2）与案件有利害关系，可能影响案件公正处理的人；(3）行使勘验、检查、搜查、扣押等刑事诉讼职权的公安、司法机关的工作人员或者其聘用的人员。”有意见提出，如果不允许辅警、保安人员等做见证人，实践中难以找到合适的人担任见证人，例如，在一些偏远地区的案件现场，难以找到群众做见证人。有的意见认为，在勘验、检查过程中，收集、提取的电子数据可能涉及国家秘密和国家安全，或者涉及暴力恐怖主义、宗教极端主义、民族分裂、淫秽色情等违法信息，如安排见证人在场，可能会造成泄密和违法信息传播的问题。因此，具有上述情形的，不宜有见证人在场。经研究，对于案件涉及国家秘密和违法信息的情形，刑事诉讼法并未明确规定可以没有见证人在场，不安排见证人没有法律依据，但应当十分慎重，采取必要的保密措施，仅对勘验、检查和扣押、封存原始存储介质的过程进行见证，不得向见证人展示电子数据的内容。对于实践中找不到合适见证人的情况，《规定》第十五条规定，对确实由于客观原因，无法由符合条件的人员担任见证人的，应当在笔录中注明情况，并对相关活动进行录像。鉴于实践中经常遇到需要对大量计算机信息系统收集、提取电子数据的情况，如一个网吧有上百台计算机需要进行现场勘验，如果每台计算机均需要见证人，实践中无法操作且没有必要。因此，《规定》第十五条第二款规定“针对同一现场的多个计算机信息系统收集、提取电子数据的，可以由一名见证人见证”。

争议较大的问题是，网络远程勘验是否应当有见证人参与？实践中要求见证人见证网络远程勘验存在如下问题：一是对于电子数据远程勘验涉及国家秘密、淫秽色情、宗教极端、民族分裂、暴力恐怖等内容时，存在泄密或者违法信息、敏感信息传播等问题；二是部分远程勘验耗时较长，很难有见证人愿意配合；三是电子数据极易灭失，在很多情况下，存在同案犯对远程数据删除的隐患，寻找合适见证人可能会影响电子数据提取、固定的时效性，影响远程勘验效果。实践中，大量所谓“远程勘验”实为在线提取，如前文所述，网络远程勘验与通过网络在线提取电子数据是不同的概念，根据《规定》第十五条规定，如果进行的是网络远程勘验，则根据刑事诉讼法应当有见证人进行见证，由于客观原因无法由符合条件的人员担任见证人的，应当在笔录中注明情况，并对相关活动进行录像；如果是通过网络在线提取电子数据，由于刑事诉讼法并未要求见证人见证，实践中对于见证人和录像的要求应当灵活把握，如对可重复提取的网页、视频等，可以通过再次提取进行验证，而对于已被网站删除、无法在线提取的，则可以优先审查其同步录像，而非优先审查是否有见证人在场。

（四）移送与展示规则

1. 电子数据的移送

《规定》第十八条、第十九条、第二十条规定了电子数据移送的具体要求，明确了以下规则：一是对收集、提取的原始存储介质或者电子数据，应当以封存状态随案移送，并制作电子数据的备份一并移送，以防止对电子数据进行人为篡改。二是对文档、图片、网页等可以直接展示的电子数据，可以不随案移送电子数据打印件，但应当附展示方法说明和展示工具；法院、检察机关因设备等条件限制无法直接展示电子数据的，侦查机关（部门）应当随案移送打印件。三是对冻结的电子数据，应当移送被冻结电子数据的清单，注明类别、文件格式、冻结主体、证据要点、相关网络应用账号，并附查看工具和方法的说明。四是对入侵、非法控制计算机信息系统的程序、工具以及计算机病毒等无法直接展示的电子数据，应当附电子数据属性、功能等情况的说明。五是对数据统计、数据同一性等问题，侦查机关（部门）应当出具说明。针对电子数据移送不规范、不及时的问题，《规定》要求，公安机关报请检察机关审查批准逮捕犯罪嫌疑人，或者对侦查终结的案件移送检察机关审查起诉的，应当将电子数据等证据一并移送检察机关。检察机关在审查批准逮捕和审查起诉过程中发现应当移送的电子数据没有移送或者移送的电子数据不符合相关要求的，应当通知公安机关补充移送或者进行补正。对于提起公诉的案件，法院发现应当移送的电子数据没有移送或者移送的电子数据不符合相关要求的，应当通知检察机关。公安机关、检察机关应当自收到通知后三日内移送电子数据或者补充有关材料。

2. 电子数据的展示

《规定》第二十一条明确了电子数据的展示方法。控辩双方向法庭提交的电子数据需要展示的，可以根据电子数据的具体类型，借助多媒体设备出示、播放或者演示。必要时，可以聘请具有专门知识的人进行操作，并就相关技术问题作出说明。

电子数据的展示是取证的最后一个环节。电子数据展示方式的合规性、展示设备和展示人员的可靠性，是取证重要考量因素。在司法实践中，电子证据的展示方式主要包括提交电子数据打印物、当庭读取、模拟演示、多媒体举证、多媒体辅助系统作证等，展示的电子证据应至少包括证据内容、附属信息和数据环境三个方面。关于电子证据的输出物是否为“原件”，我国法律未明确规定。我国学者更倾向于采取“拟制原件说”，基于电子证据的“虚拟性”，证据“原件”不应局限于电子数据本身，对于任何直接源于该电子数据的打印物或其他可感知的输出物，只要其能够准确地反映证据内容就可以视为“原件”。[①] 在诉讼中，当事人提交电子邮件、微信等电子证据过于简

① 刘品新：《中国电子证据立法研究》，210 页，北京，人民大学出版社，2005。

单，如电子邮件、微信的打印件或者电脑截屏。法官在审理案件时不会仅仅依据短信、微信等电子数据打印件或者电脑截屏来判断案件的事实。理由是电子数据的打印件或者电脑截屏并不是原件。同样的电子数据，不同的角度、身份、权限，可能证明的结果是一样的，但是形成的数据内容是不一样的。电子数据展示的最终目的是要让法官能够识别，能够产生印象，能够知道内容，并且根据这个内容做出判断。

展示设备和展示人员的可靠性审查：（1）若使用法院的自媒体系统，是否确保移动存储介质未被病毒感染和排除替换可能；（2）若使用当事人自带媒体系统，是否进行过设备的清洁性检查；（3）是否由专业技术人员操作和演示，并就相关技术直接面对法官和当事人解释和说明；（4）非技术人员操作和演示，是否与当事人有利害关系，是否能够确实准确地再现证据内容。

（五）审查

1. 对电子数据真实性和完整性的审查

《规定》第二十二条明确了对电子数据的真实性，应当着重审查五个方面的内容：一是是否移送原始存储介质；在原始存储介质无法封存、不便移动时，有无说明原因，并注明收集、提取过程及原始存储介质的存放地点或者电子数据的来源等情况。二是电子数据是否具有数字签名、数字证书等特殊标识。例如，从某黑客教学网站上在线提取了一个公开下载的恶意软件，在审查该软件的真实性时，一般可以通过重复提取进行验证，但是可能出现该软件已经被网站删除、无法重复提取的情况，这时如果在提取该软件的同时提取了该软件附带的数字签名的话，那么，即使在网站上的恶意软件被删除的情况下，通过验证数字签名仍然可以证明该软件来自该网站。实践中，对数字签名、数字证书的验证既可以通过特定的软件工具进行，也可以请具有专门知识的人协助，还可以请有关侦查人员进行演示。需要强调的是，并不是所有的电子数据都附有数字签名或者数字证书，不能因为电子数据没有数字签名或者数字证书就否定其真实性。三是电子数据的收集、提取过程是否可以重现。电子数据可以同原始存储介质相分离，存储在计算机中电子文档，可以从计算机中导出，存储于移动硬盘、U 盘等存储介质之中。提取的电子数据是否与原数据完全一致，有时可以通过复现提取过程进行审查判断。例如，审查电子数据检查过程中从扣押的原始存储介质中恢复的电子数据的真实性时，除了审查扣押时的有关笔录和原始存储介质的封存状态外，还可以再次进行数据恢复，并比较两次数据恢复的内容是否相同。但是需要强调的是，实践中并非所有的电子数据收集提取过程都具有可复现性，例如，拒绝服务攻击案件中从网络截取的攻击数据包，或者从计算机内存中提取的电子数据，这些数据在拒绝服务攻击结束或者计算机关机后就会丢失，收集提取过程无法复现，不能因收集提取过程不能重现就否定电子数据的真实性。四是电子数据是否真实，如有增加、删除、修改等情形的，是否附有说明。一般来说，电子数据发生增加、删除、修改，其真实性必然受到质疑。但有些时候，电子数据的增加、删除、修改并不影响真实性。例如，为了使部分损坏的视频文件能够正常播放，侦查人员通过给文件增加某些数据（通常是文件头）的方式来修复损坏的文件，使其能够正常播放。再如，为了查看某一乱码的电子文档，侦查人员删除文档的第一个字节（在计算机系统中，通常一个中文字符需要两个字节，比如 AA 显示为“甲”，BB 显示为“乙”，CC 显示为“丙”，某文档每个字节为 AABBCC，则打开该文档显示为“甲乙丙”，如果该文档的第一个字节丢失，则其每个字节为 ABBCC，打开该文档时计算机系统会将其组合为 AB、BC，则会显示乱码，为了正常打开该文件，常见修复方法就是删除第一个字节 A）。又如，为了打开部分损坏的图片文件，对文件错误的字节进行修改，不会影响图片的内容。因此，在审查电子数据真实性时，当发现电子数据有增加、删除、修改的情形时，应当具体分析电子数据的增加、删除、修改是为了便于展示电子数据而作出的技术处理，还是有意篡改电子数据，对电子数据的改动是否影响电子数据所承载的内容或者证明的事实。侦查机关（部门）为了读取电子数据而对其进行必要的增加、删除和修改，属于数据恢复和修复，一般会在电子数据检查的环节进行，《规定》要求制作相关笔录，并注明检查方法、过程和结果。因此，在审查电子数据真实性时，发现电子数据有增加、删除、修改情形的，应当注意审查笔录中的相关说明。五是电子数据的完整性是否可以保证。传统证据的证据能力包括真实性、合法性、关联性。对电子数据来说，电子数据的完整性是真实性的重要内容。如果完整性无法保证，则意味着电子数据可能被篡改或者破坏，其真实性也难以保证。因此，《规定》将对电子数据完整性的审查纳入了证据真实性审查的范畴，并规定了电子数据完整性的保护方法和验证方法。

《规定》第五条列举了六种保护电子数据完整性的方法。相应地，《规定》第二十三条规定了对电子数据完整性的审查方法。对电子数据是否完整，应当根据保护电子数据完整性的相应方法进行验证：一是扣押、封存电子数据原始存储介质，应当审查原始存储介质的扣押、封存状态，实践中，在可行的情况下，应尽量封存原始存储介质，以保证其完整性；二是对收集、提取电子数据的相关活动进行录像，应当审查电子数据的收集、提取过程，查看录像；三是计算电子数据的完整性校验值，应当比对电子数据完整性校验值；四是对制作、封存的电子数据进行备份，应当与备份的电子数据进行比较；五是对于冻结的电子数据，一般均会由计算机信息系统自动记录被冻结电子数据的访问操作日志，应当审查冻结后的访问操作日志；六是其他方法。需要说明的是，对电子数据真实性、完整性的审查判断并不要求全部满足《规定》中的各项审查要点。在法庭审查过程中，审判人员应当通过听取控辩双方意见、询问相关人员等多种方式审查判断电子数据的内容和制作过程的真实性。

2. 对电子数据合法性的审查

《规定》第二十四条明确，对收集、提取电子数据是否合法，应当着重审查以下内容：一是收集、提取电子数据是否由二名以上侦查人员进行，取证方法是否符合相关技术标准。二是收集、提取电子数据是否附有笔录、清单，并经侦查人员、电子数据持有人（提供人）、见证人签名或者盖章；没有持有人（提供人）签名或者盖章的，是否注明原因；对电子数据的类别、文件格式等是否注明清楚。审查经侦查人员、电子数据持有人（提供人）、见证人签名的相关笔录或者清单，是核实电子数据真实性和完整性的必要手段。为了确保电子数据的真实性、完整性，《规定》要求以笔录形式记录现场提取电子数据的过程，以清单形式记录提取电子数据的结果。因此，在审判环节，对于经勘验、检查、搜查等侦查活动收集的电子数据，审判人员应当审查是否附有笔录、清单，并经侦查人员、电子数据持有人（提供人）、见证人签名，没有持有人签名的，应审查是否注明原因。三是是否依照有关规定由符合条件的人员担任见证人，是否对相关活动进行录像。审查见证人签名或者录像，是核实电子数据取证过程合法性的重要手段，审判人员应当对上述情况进行审查，但是需要强调的是，只有在刑事诉讼法规定需见证人见证的情况下，才应审查是否由符合条件的人员担任见证人，只有在没有见证人的情况下，才需要审查是否对相关活动进行了录像。四是电子数据检查是否将电子数据存储介质通过写保护设备接入到检查设备；有条件的，是否制作电子数据备份，并对备份进行检查；无法制作备份且无法使用写保护设备的，是否附有录像。

3. 对网络身份与现实身份同一性和犯罪嫌疑人、被告人与存储介质关联性的审查

身份同一性的认定和“人机对应”是排除合理怀疑的必然要求，也是实践中认定的难点。《规定》第二十五条明确，认定犯罪嫌疑人、被告人的网络身份与现实身份的同一性，可以通过核查相关 IP 地址、网络活动记录、上网终端归属、相关证人证言以及犯罪嫌疑人、被告人供述和辩解等进行综合判断。认定犯罪嫌疑人、被告人与存储介质的关联性，可以通过核查相关证人证言以及犯罪嫌疑人、被告人供述和辩解等进行综合判断。

4. 瑕疵证据的补正与排除

《规定》第二十七条列举了四种收集提取电子数据存在瑕疵的情形：一是未以封存状态移送的；二是笔录或者清单上没有侦查人员、电子数据持有人(提供人)、见证人签名或者盖章的；三是对电子数据的名称、类别、格式等注明不清的；四是有其他瑕疵的。例如，制作、取得的时间、地点、方式等有疑问，不能提供必要证明或者作出合理解释，来源不明的电子数据，在真实性方面存在疑问，不能作为定案的根据。上述情形经补正或者作出合理解释的，可以采用；不能补正或者作出合理解释的，不得作为定案的根据。

5. 不得作为定案根据的电子数据

《规定》第二十八条规定了具有三种情形的电子数据不得作为定案的根据：一是电子数据系篡改、伪造或者无法确定真伪的。结合证人证言、被告人供述、被害人陈述等其他证据材料，以及通过庭外调查核实、鉴定或者检验等方式综合审查后，能够认定电子数据确系篡改、伪造或者无法确定真伪的，应当排除。二是电子数据有增加、删除、修改等情形，影响电子数据真实性的。但是，出于展示证据的客观需要而对电子数据进行增加、删除、修改等技术处理，不影响电子数据真实性的，对该电子数据不应予以排除。三是其他无法保证电子数据真实性的情形。

在电子证据审查中，电子数据存储设备也需要进行专业性检测。电子数据取证时应当使用洁净的存储设备，或者说对存储设备进行清洁性检查，实施精确复制。在一例电影网络著作权纠纷案件中，电影的权利人诉称被告没有经过授权，在他的网站上提供这部电影的在线点播和在线下载服务。原告对这个被告的侵权行为进行了网页公证。被告质疑原告提交的侵权证据的真实性。原告指出，公证的地点不是在公证处。打开计算机，打开浏览器，删除 cookie 选项，删除之前上网的记录，点击浏览器，点击被告所有的网站，进行搜索，搜索到涉嫌侵权的这部影片，然后点击影片进行播放。公证处对每一个页面进行截图并保存，同时整个的公证过程还进行录像。被告提交的证据质疑原告公证书的真实性，即使用 windows 操作系统访问互联网。首先进行 IP 地址的解析。在进行 IP 解析时，客户端可以通过一个 host 文件来进行解析。host 文件是可定义的，就是使用者可以自己编写 host 文件的内容。在这种情况下，即使在没有网络环境下，公证书的全部过程仍然可以再现。最终，原告败诉。败诉的原因有：（1）进行公证的地点不是在公证处；（2）他没有确认计算机与互联网真实连接；（3）从公证过程上来说，没有对计算机本身进行清洁性的检查。法院的结论是，在公证人员不能控制计算机，并且没有进行清洁性处理的情况下，不能确定计算机处于正常工作状态，不能想当然地认为公证时操作的计算机显示的网页及其内容是发生在互联网真实的环境。所以，清洁性的检查非常重要。

另外，电子证据审查判断对电子证据原件的识别也非常重要。诉讼中应当提交证据原件是各国普遍适用的规则。电子证据是存储于电子介质中的数据信息，在证明案件事实时需要将数据编码转化为人们可以识别的形式，引发电子证据的原件如何识别的问题。在调查收集证据的场合，电子证据的原件应当指最初生成的电子数据及其首先固定所在的各种存储介质，如果某一电子证据首先固定于某块计算机硬盘上，则该硬盘或其上的电子数据就是原件；如果某一电子证据首先固定于磁带、软盘或光盘上，则磁带、软盘、光盘或其上的电子数据就是原件。在举证、质证和审核认定证据时，应当进行适当地变通。

联合国国际贸易法委员会在《电子商务示范法》将具有最终完整性和可用性等功能的电子复本规定为原件，只要数据电文确实起到了在“功能上等同或基本等同”于书面原件的效果，视为一种合法有效的原件。学者观点认为可以视为电子证据原件包括：准确反映原始数据内容的输出物或显示物；具有最终完整性和可供随时调取查用的电子复本；双方当事人均未提出原始性异议的电子复本；经过公证机关有效公证、不利方当事人提供不出反证推翻的电子复本；附加了可靠电子签名或其他安全程序保障的电子复本；满足法律另行规定或当事人专门约定的其他标准的电子复本。

第三节　电子证据与技术发展

一、取证原则

（一）合法性原则

合法取证是指计算机取证过程必须按照法律的规定公开进行，从而得到真实且具有证明效力的证据。比如说取证设备或者取证软件没有合法授权，是否导致获取的电子数据无效？比如说通过破解密码的方式登录 QQ，所获取的聊天记录，证明配偶有外遇，这种取证方式是不是有效？再比如说，取证时涉及的当事人的隐私如何处理？还有在劳资纠纷当中，员工获取公司的信息，或者员工离职后，公司获取员工的信息，这在未经授权的情况下取得的证据是否有效？这些问题，是电子数据取证过程中是否遵守合法性原则所研究的问题。

2015 年 7 月，《网络安全法（草案）》第二十三条规定“为国家安全和侦查犯罪的需要，侦查机关依照法律规定，可以要求网络运营者提供必要的支持与协助”。为维护国家安全或侦查重大犯罪需要的特殊情况下，侦查机关在法律授权的范围和严格程序下，可以采取侦听或拦截措施获取的数据与信息。可以看出，我国立法也逐渐明确侦查机关获取电子数据所应遵守的法律规定与程序。关于执行的主体，通常应当是侦查机关的侦查人员，因应电子数据的技术性特点，还应当规定侦查机关必要时可以聘请有资质的机构或其他适格的专业技术人员协助进行。

在电子数据的调查取证中，因其智能性和无形性特征，使进入计算机主机系统进行的搜查、扣押等强制取证行为不同于通常有形物的搜查或扣押，因为随意一个指令的输入，就可能突破原来设定的数据范围，确立比例原则尤为重要。在刑事电子数据取证领域，比例性原则要求侦查机关在进行数据收集与截获时，宜保持必要的谨慎，以适度技术手段，将对公民隐私权、财产权的侵犯降至可容忍的限度，实现行使侦查权力与保障公民权益的平衡。例如，当电子数据的载体取走，从而不能在侦查部门的计算机中被鉴定，只有应用检查中的计算机系统进行分析时，调查与没收涉嫌犯罪的计算机装置的权力行使的边界，就应当按照比例原则予以设定。目前，各国通常采取的原则是，法律禁止那些仅仅为了收集很少数的数据而全面没收数据载体或全部计算机装置的做法。因此，在计算机网络数据取证过程中，应该避免通过电信路线调查连在一起的不确定的计算机系统的数目。除非司法授权进行更广泛的调查，网络数据的收集与截获应该限制在计算机系统本身所允许的范围之内。

最后是保密原则如何施行？电子数据涉及国家、商业秘密和公民个人隐私，需要严格遵守与之相应的保密原则：对于社会（主要是新闻媒体），除法律另有规定或者经权利人同意或法官批准外，侦查机关及有关知情人不得对外泄露搜查、扣押或截获的电子数据信息。这种保密还包括由侦查部门制作的存储于电脑或网络中的电子信息。针对电子数据的技术性强的特点，在取证过程中，应当严格按照技术规范进行操作，必要时交由专家进行取证，以防泄密。在利用和处理资料时，应当注意保守秘密及保护当事人和相关人员的合法权益。对于不构成犯罪的，搜查、扣押、截获的电子资料应当依法定程序予以销毁或者返还。

（二）全面取证原则

全面取证是指收集或调取与案件有关的电子数据。在刑事诉讼领域，全面取证是指能够证实犯罪嫌疑人有罪或者无罪、犯罪情节轻重的所有相关的电子数据。不能仅仅调取证明犯罪嫌疑人有罪、罪重的电子数据，也要调取证明犯罪嫌疑人无罪和罪轻的电子数据。在民事诉讼中，全面取证是指当事人及诉讼代理人要全面收集能够证明自己主张的证据。

随着社会的进步，以移动互联网、大数据、物联网为代表的新兴信息通信技术普及应用，数据的基础性、先导性、战略性作用日益凸显，电子数据以指数形式呈现爆发式增长态势。据统计，2013 年全球产生的数据达到 3.5ZB，到 2020 年产生的数量将至 44ZB（1ZB 相当于 343.6 亿部智能手机的存储容量）。电子数据快速记录着虚拟世界的各种行为，数据量如此之多，以至于大数据时代不再热衷于追求精确度。达到精确需要有专业的数据库。针对小数据量和特定事情，追求精确性依然可行。但是，在大数据时代追求精确度已经变得不可行，甚至不受欢迎。当我们拥有海量即时数据时，绝对的精确不再是追求的主要目标。一般认为在证据收集过程中，“凡认为可能与案件有关联或者有助于证明诉讼问题的事实、法律和其他情况，都在收集、提供之列”。[①] 电子数据证据的收集须耗费极大的时间、人力及物力，甚至于不具有“合理存取”的可能性。以视频安全监控为例，连续不断的监控流中，对案件事实有重大价值的可能仅为一两秒的数据流。在海量电子数据中去寻找那一丝与诉讼相关联的证据，可谓是大海捞针。所以说，新兴信息通信技术背景下，电子取证的手段需要创新。

（三）及时取证原则

电子数据具有高速流转的特性，其虚拟性、可修改性、不稳定性等特性要求侦查人员、当事人及律师在获取相关案件信息后，应及时采取保护措施。一旦错过取证时机，犯罪嫌疑人、当事人可能将证据销毁或者进行修改，严重的可能会误导侦查方向，影响办案。

一般情形下，侦查机关对于强制取证的实施，应先取得法院的同意。紧急情况下，侦查机关可先行采取必要措施，但事后应取得法院的确认，考虑到电子数据的无形性和易变性，尤应如此。在德国，搜索命令由法官为之，有迟延危险时，得由检察官及其辅助机关为之。但对新闻业界处所的搜查，只得由法官为之。对英美等国有关有形物的强制搜索实施中的附带搜查和一目了然的例外。我国刑事诉讼体制的现状，还可以根据案件的性质、强制取证电子数据对公民权利侵害的程度等，赋予检察机关及侦查部门一定的决定权。当然，在紧急情况下，可以设置例外规定。

① 梁玉霞：《什么是证据——反思性重塑》，北京，中国检察出版社，2001。

二、如何获取证据

（一）电子取证技术分类

1. 计算机取证

计算机取证是指存在于计算机内部存储设备及其外部设备中的电子证据的确定、收集、分析以及向法庭出示的一系列过程，其基本围绕电子证据展开取证工作。计算机取证主要包含移动存储介质的数据获取、电子邮件存储数据获取、在线数据的获取、硬盘数据的获取四个方面。

2. 智能终端取证

随着移动互联网的发展，智能终端已经成为人们日常生活中不可或缺的工具。与此同时，利用智能终端进行犯罪也屡见不鲜，涉及智能终端取证的各种案件日益增多，智能终端取证是打击此类犯罪的最有效的手段。所谓智能终端取证就是对存储于手机内存、SIM 卡、扩展卡、移动运营商网络以及短信提供商系统中的电子证据进行提取、保存、分析，整理出有价值的案件线索或能被法庭所接受的证据的过程。智能终端取证面临着软件操作系统繁多、数据接口复杂、数据容易丢失等问题。智能终端取证是打击手机犯罪现象非常有效的技术手段，在许多方面与计算机取证有相似之处，随着手机市场占有率的日益提高和手机功能的日益强大，手机取证在电子证据取证领域所占的比重将会越来越大。

（二）取证技术方法

1. 并行技术应用于数据获取

数据获取主要包括两个方面：一是对系统中的文件和数据的获取，二是对被篡改、破坏的文件和数据的获取。以上两类文件的获取，都离不开并行技术的应用，并行技术是最常见的电子证据取证技术，通过使用并行技术，能够提高取证工作的效率，快速获取相应的证据信息。

云计算本身是并行计算的环境，电子证据取证难度不断加大，引入并行技术势在必行。相较于目前串行的取证方式，并行技术可以充分利用其高效性的特点，提供多路硬盘复制与分析技术，提高分析带宽与 CPU 利用率，能够有效提高取证工作的效率。

2. 分析与多路硬盘复制并行技术

网络技术的快速发展，在各个领域都有所涉及，越来越多的计算机取证案件涉及大量的服务器，导致需要调查取证的计算机硬盘数量越来越多、容量越来越大，这就需要使用分析及多路硬盘复制并行技术，通过并行方式进行一次分析或同时复制多个硬盘，来加快分析复制的速度，解决涉案硬盘数量过多、容量过大的问题。实现多路硬盘复制，通常需要使用具有高速并行工作能力的只读硬盘加速卡，并结合相关软件实现多路硬盘同时分析、复制，并且每个硬盘的工作互不影响，能够以最大速度进行读取，保证分析复制工作的效率。

3. 关键字搜索与复制并行技术

取证分析过程往往耗时比较长，其中很大一部分时间都花费在关键字的搜索上。关键字搜索的工作机制是将目标硬盘中的数据从前到后过滤一遍，查找数据流中的关键字，这也是最耗时的工作。在进行硬盘复制的时候进行关键字搜索，既能够不影响硬盘复制的速度，又能够实现关键字的搜索，大大减少工作时间，提高工作效率。目前常用方法是在进行硬盘复制时，同时把数据流镜像到另外一个处理器上进行关键字的搜索匹配工作，处理器的工作速度基本上与硬盘复制速度同步，基本不影响硬盘的复制速度。

三、新技术的应用

随着互联网和信息技术的发展，越来越多的新技术适用于纠纷解决，尤其是电子签名、时间戳和区块链技术的应用，为互联网纠纷的解决提供了有力技术支持。

2018 年 9 月 3 日，最高人民法院审判委员会审议通过《关于互联网法院审理案件若干问题的规定》第十一条明确规定“当事人提交的电子数据，通过电子签名、可信时间戳、哈希值校验、区块链等证据收集、固定和防篡改的技术手段或者通过电子取证存证平台认证，能够证明其真实性的，互联网法院应当确认”。

（一）区块链技术的应用

北京东城法院首次认可区块链取证，区块链 + 电子存证初步落地。

2018 年 9 月 25 日下午，北京市东城区法院就京东公司侵害中文在线数字出版集团作品信息网络传播权一案做出了判决。在本次判决中，法院对真相网络科技提供的IP360取证数据证据予以采纳，对采用区块链技术存证的电子数据的法律效力予以确认，并明确了区块链电子存证的审查判断方法。此次判决是北京地区法院首次对区块链存证认可，但在全国范围内不是首次。

此前，2018年7月，杭州互联网法院判决一件互联网著作权侵权案，其中采纳的关键证据来自比特币区块链。这起案件中，原告通过第三方存证平台，进行了侵权网页的自动抓取及侵权页面的源码识别，并将这两项内容和调用日志等的压缩包计算成哈希值上传至Factom区块链和比特币区块链中。

杭州互联网法院从存证平台的资质审查、侵权网页取证技术手段的可信度审查和区块链电子证据保存完整性审查三个方面，对案涉电子数据的效力作出认定。

审查中，法院也认可了区块链电子存证的法律效力。区块链具有难以篡改、删除的特点，在确认诉争电子数据已保存至区块链后，其作为一种保持内容完整性的方法具有可靠性。

同期，杭州互联法院上线了全国首个电子证据平台，在杭州互联网法院电子数据平台下，用户只需向杭州互联网法院提出申请，审核通过以后，平台可以把用户取得的电子数据做成哈希值，并生成相应的存证编号。用户提起诉讼以后，只需要输入存证编号，这套系统会自动根据存证编号向保存电子数据的源文件发出调取指令，系统会自动核对源文件跟电子数据之间是否匹配。如果匹配成功，导入杭州互联法院诉讼平台作为原告或被告的证据使用。

杭州互联网法院结合区块链技术用于数据存储的技术原理，以电子证据审查的法律标准为基础，对区块链电子存证的效力认定确立了如下审查方式：

1. 审查电子数据来源的真实性。包括第三方存证平台资质合规、产生电子数据的技术可靠、传递电子数据的路径可查；

2. 审查电子数据存储的可靠性。包括电子数据上传至公共区块链、各区块链存放内容相互印证、区块节点生成时间符合逻辑；

3. 审查电子数据内容的完整性。即电子数据哈希值能验算一致未被修改；

4. 审查电子证据与其他证据相互印证的关联度，从而对该种证据的法律效力及证明力予以确认。具体到本案，该院认为通过可信度较高的自动抓取程序进行网页截图、源码识别，能够保证电子数据来源真实；采用符合相关标准的区块链技术对上述电子数据进行了存证固定，确保了电子数据的可靠性；在确认哈希值验算一致且与其他证据能够相互印证的前提下，作出了该种电子数据可以作为本案侵权认定的依据。

（二）互联网法院逐渐在全国铺开

2018 年是互联网法院普遍设立的元年。继杭州互联网法院、北京互联网法院成立之后，全国第三家互联网法院——广州互联网法院在广州市海珠区正式挂牌成立。互联网法院设立初衷主要针对互联网案件，最高人民法院提出了互联网法院“网上案件网上审理”新型审理机制，而区块链因其技术特性在此领域已经初步发挥作用。随着杭州互联网法院对区块链的应用与重视，不少司法机构也开始在逐渐推广这一应用。近日，南京仲裁委员会开始试运行基于区块链技术的网络仲裁平台，杭州江干区法院也引入司法区块链投票功能。区块链在金融、游戏等领域已经有多家大公司在布局推进，在电子存证等其他司法领域，区块链积极作用也被逐渐重视。司法中区块链实践逐步应用，无疑正挖掘着这一技术的潜力，对其他领域应用以及扭转区块链在大众心里的负面形象也有很大推动。

第三章 电子合同第三方存证发展现状

万物互联的时代已经到来，一切接入互联网，海量电子数据呈现爆发式增长。相比从前，“无痕无迹”的虚拟电子数据更易被隐藏、删减和修改，容易让事实面目变得模糊不清，给司法取证、判断带来了新的挑战，要怎样化“无痕”为“有迹”，把“虚拟”落为“铁证”已上升为全社会共同关注的问题。2005 年《电子签名法》的正式施行为电子签名的使用提供了法律基础。但受限于当时信息化的应用场景，电子签名对于多数企业客户而言并非是迫切需求，市场长期被各地的 CA 机构和服务于内网系统的电子签章企业所占据。随着移动互联网时代的来临，企业对效率的要求不断提高，越来越多的交易需要在线上完成，电子签名逐渐成为企业数字化办公中的关键点。

2013 年互联网金融的全面爆发是电子签名正式走向云服务的催化剂，新兴的第三方电子签名创业公司纷纷涌入市场。电子签名尤其是与之相伴的电子数据存证开始迅速发展，电子数据存证是指将存在于网页的电子数据内容固定并存储到安全稳定的数据库，并将上述过程以可靠的方式记录并传输。目前，国内市场出现很多可以提供电子存证服务的第三方机构旨在通过中立的技术手段，如实提供电子证据收集、固定、存储等技术服务。随着电子签名服务外延的拓展，第三方电子签名服务商通常会同包含司法鉴定机构、公证处、人民法院、在线仲裁机构和律师事务所在内的伙伴合作，向最终客户提供与电子签名相关的各类法律增值服务。2016 年“两高一部”出台了《关于办理刑事案件收集提取和审查判断电子数据若干问题的规定》，系统、全面给出了新时代要求下公安、司法、检察在处理电子数据取证、存证、应用等方面的法律凭据，也对新兴技术、创新法律应用在电子数据取证领域的帮助和裨益给予了正面肯定。

随着电子商务和金融互联网化的推进，电子合同日益成为交易过程中的主要合同形式。甚至对于传统的商品贸易或其他交易活动，由于远程签约平台的兴起，电子合同也日益介入传统的线下交易过程。在此背景下，出现了大量服务于电子合同签约过程的第三方机构，如电子认证机构（CA）、电子合同第三方存证机构等。在电子签名基础上，电子合同第三方存证机构进一步为电子合同的不可篡改和证据保存提供了相应的服务。因此，分析研究第三方存证发展现状，有着较强的必要性。

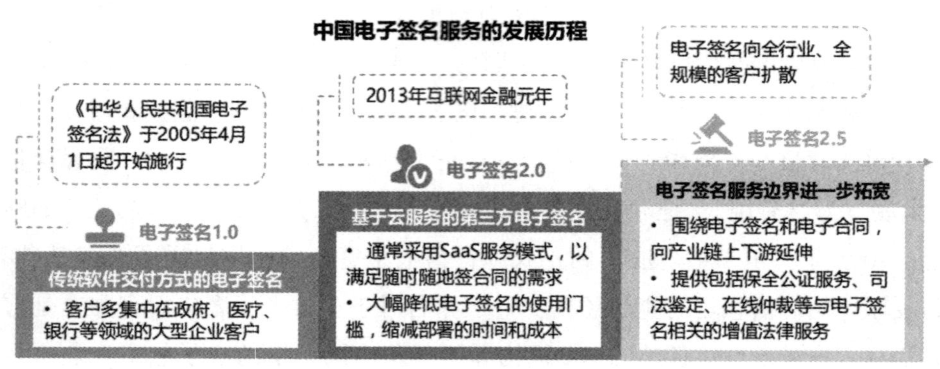

资料来源：艾瑞咨询研究院自主研究及绘制。

图 3－1　中国电子签名服务的发展历程

目前，电子数据存证经过了一个很长的市场培育期。电子数据存证是一个预防性的措施，在没有发生纠纷时，其重要性和付费意愿并不是很强烈。随着近几年的发展，很多纠纷的解决过程中都需要电子证据。很多企业和个人在纠纷解决的过程中应用了电子数据，体验到了电子数据的重要性后，越来越多的用户有了相关意识，想要在事前做好存证工作。

市面上也有很多公司推出了相关的服务，服务的本质内容在表面上看起来比较类似，但其本质是不同的。与电子合同一样，电子存证不是简单地把相关的结果进行保存，而是要真实记录来源和过程，同时要保证采集的数据过程的规范性，保证环境的真实性和清洁，这些信息要连同结果一起存证下来，才能保证一整套数据包的真实性。

从电子合同这一行业来看，目前正是经历初期的认识过程，正在被大家认可，未来将会是一个快速发展的阶段。与中国其他领域相同，电子存证也会从混乱逐渐变得有序，发展势头是比较好的。

第一节　电子合同第三方存证概述

一、电子合同第三方存证含义

电子合同存证，是指将合同当事人注册、认证、签字等操作全程记录，形成日志文件并固化成电子证据的过程。当合同当事人对合同内容产生争议时，电子合同存证数据则可以作为有力的证明，证明合同内容的有效性从而为合同当事人维权提供保障。在电子商务或网络金融的在线交易中，很多交易主体之间通过电子信息网络以电子数据的形式达成设立、变更、终止民事权利义务关系的合同，即签署电子合同逐渐普及至各行各业，已经成为比较普遍的交易习惯。

首先，根据《电子签名法》规定，电子合同的真实性要素为可靠的发件人身份鉴别方法、可靠的生成、储存/传递数据电文的方法、可靠的保持内容完整性的方法。其次，随着互联网金融监管的升级，对电子合同的保存也提出了进一步的要求。如上海市的《上海市网络借贷信息中介机构业务管理实施办法（征求意见稿）》即明确规定了网络借贷信息中介机构进行备案的基本文件包括“与第三方电子数据存证平台签订的委托合同存证的协议复印件”。最后，最新修正的《刑事诉讼法》《民事诉讼法》中，电子数据被列为证据的一种。实践中，电子数据存证中心提供的存证证书，可作为司法人员和律师分析、认定案件事实的有效证据。

以上法律规定均体现出中国国内法律对电子合同及第三方存证的初步认可，电子合同的使用已是大势所趋，随着国内电子合同市场的发展，对签约主体的操作过程和合同文本依据相关法规进行的第三方存证也将具有广泛的市场需求。

第三方平台取证具有以下几个明显的特征：

第一，在主体方面，第三方存在公司是独立的第三方，具有中立性，并通过商业化方式进行运营。有的仅是向当事人提供一种保全手段、保全操作方法，具体保全行为由当事人实施，包括原告和被告在内的任何当事人都可以使用这种保全手段、操作方法，平台的中立性更为凸显。有的在提供取证手段的同时，也参与当事人的取证过程。即使是这种模式，尽管电子数据平台实际参与了收集、固定过程，但其取证系统是对所有人都同等开放的，任何人都可以使用，且其收集、固定行为也是按照取证系统事先设定好的程序由机器自动完成，不受其取证时的主观意志左右，故其中立地位不会受该取证模式的影响。

目前，国内具有代表性的第三方平台几乎都是采取公司结构形式的商业化运营，提供的几乎都是有偿服务，需要当事人缴纳一定的费用。当然，每家公司对当事人收取费用的方式可能会有不同。

第二，在行为方面，第三方存在公司自身并不产生电子证据，其仅是提供一种取证工具、取证手段或取证服务，并具有很强的技术性。本质上与当事人取证没有本质区别。我认为这一点是很重要的。

第三，在取证时间方面，既可以事后取证，也可以在电子证据产生的当时取证。一般情况下，对电子证据的取证都是在诉讼发生后，为了诉讼的需要，对已经存在的电子证据进行固定。使用第三方平台，可以对已经存在的电子证据进行搜集、固定，更为重要的是也可以在电子证据产生的当时对电子证据进行收集、固定，比如通话的当时就使用安存语录将通话内容固定下来。

第四，在取证的效果方面，具有效率高、成本低的特点，而且能够 24 小时随时操作，不受上下班时间的限制，符合电子证据保全的基本需求。

第五，在所取得的证据的法律效力方面，仍然仅是一种证据而已，并不因为利用了第三方平台或有第三方参与而具有特殊的证据推定效力，其能否被采信仍然需要进行质证、审查和判断。与公证所取得的证据的效力存在区别。

二、第三方电子存证的实践意义

根据《合同法》以及《电子签名法》的相关规定，电子合同仍属合同范畴。通俗的解释，即电子合同是以数据电文形式签订的合同，其本质作用仍然是作为合同当事人履约维权的凭证。但是，由于数据电文存在于网络环境之中，电子数据存在易灭失、易篡改等问题；因此，当电子合同作为履约维权的证明时，如何证明其内容的真实性成为难题。

此时，电子合同存证的作用得以体现，即通过将数据文件存储在具备公信力的第三方平台，利用一系列的加密技术确保文件一经篡改即可被发现并真实记录。当纠纷产生时，提供存储服务的第三方平台可以开具具有公信力的公证书对合同内容未经篡改加以证明。

所谓电子存证，简单从字面上理解，即将电子数据证据信息保存在安全稳定的数据库中，此技术包括对于特定电子数据进行计算、录入、存储、识别、认证、调取、传输等一系列与诉讼相关的或验证过程中可能发生的过程。这项技术的关键，在于如何准确抓取、传输电子数据信息作为证据储存，并保证该内容被存储在安全可靠的数据库内不被丢失且不被篡改。对于电子存证的实践意义，我们从司法实践需求、证据形式合法性、司法态度角度进行分析。

首先，从司法实践需求方面来看，通过电子合同存证的手段，将每一项数据的生成都以电子证书的形式加以认证，可以有效避免因合同真实性的分歧产生不必要的诉讼风险和成本损失。

随着互联网时代的发展，移动互联网已然成为现代人生活中不可或缺的一部分。在诉讼案件中，电子邮件、网上交易信息、微信和 QQ 等社交媒体的网上聊天记录、网址域名以及网页等电子数据作为证据被使用的频率大幅度上升，自然而然越发频繁地出现在司法工作者面前。

在一般的司法实践中，对此类证据的真实性判定，往往有两种手段：一是通过公证机构出具公证书，还原获取该类数据的完整过程，并通过公证书截图的形式将每一操作步骤呈现在法官面前；二是由法官现场勘验，直接通过用户的账号密码，在法官认可的网络环境中当面登录并调取查看数据。这两类核对电子证据原件的方式均存在部分弊端，而这种弊端可以通过电子存证服务得以解决。

电子存证服务一般有两种提供方式。一种是通过电子存证平台提供的一键式取证服务，如“存证云”平台，对侵权网页进行自动抓取及侵权页面的源码识别，并将该两项内容和调用日志等的压缩包，上传至平台互联网数据库中进行严格加密，在起诉时导出作为证据提供。另一种是根据存证机构提供的分步骤指导式服务，将当事人需要取证的内容截图固定下来，存储到存证平台的数据库中，最终以出具可信时间戳或电子证书等司法鉴定意见的方式，将固定下来的内容呈现在诉讼活动中。通过电子数据取证的方式能够大大增加取证速度和效果，并极大地减少错过网上侵权内容的风险。

虽然《电子签名法》早在2004年颁布，但市场对于电子签名的防范意识仍然较为迟钝，意在使用独立存证的方式防范和应对未来可能产生的风险。面对越来越多以虚拟方式订结的协议，尤其是像互联网金融公司的远程签约，文化创意公司的作品著作权线上授权等，对于电子协议的固定和保存，也是此类公司对风险管理和防范的体现。

其次，从证据形式合法性来看，基于《民事诉讼法》以及《民诉证据规则》对电子数据证据合法性的认可，我们认为电子存证也是具有合法性的。一方面，电子数据本身并无改变，无论是将电子数据抓取和压缩的过程，还是将固定后的电子数据上传至平台数据库，抑或是最终导出的数据内容，其以第三方存证平台身份出具的电子证书或时间戳的形式，均属于《民事诉讼法》中鉴定意见的范畴。另一方面，法律通过对个案鉴定意见的认定，判断电子数据证据本身的真实性和合法性，此类司法鉴定意见是有在司法实践中被认可的先例的，因此可以看到该类司法鉴定的实践意义，就个案而言，司法鉴定意见需由法院通过第三方存在平台的权威性和技术的可靠性，认定该司法鉴定意见是否可信。

但我们需要注意的是，电子存证仍不同于公证。公证文书是国家公证机关根据公民、法人或者其他组织的申请，对其法律行为，或者有法律意义的文书、事实，做出证明的法律文件。公证制度的特色，在于国家特设专职机关，代表国家行使司法证明权。而电子存证体现的是第三方存证机构的信用，不同于公证文书所体现的国家信用。对于公证文书而言，法院一般无须认证，即相信并采纳公证文书记载之内容，公证文书成为证据体现和固定的形式，而不是司法鉴定意见。对于电子存证体现的证据形式，形式本身属于鉴定意见，法院需要审核作为第三方存证机构的权威性程度，并且能够选择不信服不采纳其认证效力。

因此，通过电子存证手段，得出证明电子数据证据真实性和合法性的司法鉴定意见，能够运用于司法实践之中，且该类鉴定意见的可信程度与第三方存证机构的权威和信用密切相关。

最后，从司法态度来看，国内的各项立法及司法实践均体现出鼓励电子数据领域发展的大趋势。2004 年，互联网刚刚兴起，《电子签名法》最开始对电子签名的范围可以看出立法者包容开放的态度，电子签名适用于除身份关系、不动产、公用事业服务的其他领域，意在充分发挥电子签名高效快速的特点，在民商事财产法律关系中发挥作用，促成市场高效运转。2015 年，立法者对《电子签名法》再做调整，增加了电子认证行业的法人地位要求(第十八条)，取消了电子认证许可证书的门槛（第十九条)，可见立法者对电子数据领域之立法态度旨在降低门槛，刺激活力，同时鼓励行业着重技术化、规模化发展。

而在实践中，对于电子存证而言，即使法院在相关的判例上参差不齐，但总体上已经呈现出思想进步的趋势。从墨守成规避而不谈，到法院陆续开始对电子存证的技术概念进行研究，再到如今支持电子存证技术的判例已经不在少数。裁判者从聆听到接受，再到鼓励这项技术的实施和推广，呈现出逐渐接受电子存证数据的方向。

综上所述，电子合同第三方存证是在电子签名及电子合同基础上发展起来的一种服务，其本质依然是依靠电子签名技术而进行的电子合同证据保存。相对于简单的电子签名应用，第三方存证机构是在电子签名确保签约主体可信及合同内容不可篡改的基础上，增加了第三方证明内容，使得合同举证更为简便易行。相信随着互联网金融的发展，以及其他大额线上交易的推广，电子合同第三方存证的应用也会越来越广泛。

三、电子合同第三方存证效力及流程

（一）电子合同的法律效力

根据《中华人民共和国电子签名法》第十四条规定，“可靠的电子签名与手写签名或者盖章具有同等的法律效力”。因此，如使用符合法律规定的电子签名，电子合同与纸质合同具有同等的书证效力。

根据相关规定，举证责任主体需要提供相关证据证明生成、储存、传递数据电文方法的可靠性，保持内容完整性方法的可靠性，用于鉴别发件人的方法的可靠性等电子合同真实性要素。电子合同第三方存证机构则要承担确保用户登录验证的安全性、平台加密算法的安全性、数据传递的安全性以及数据存管的安全性等责任，并在必要时协助提供相关证明文件。

（二）第三方存证电子合同的证据效力

在电子签名运用的基础上，电子合同第三方存证可以进一步增强电子合同的可置信性，增强证据效力。尤其是在第三方存证机构与公证机关联合存证的流程中，公证机关作为法定的证据保全机构，在其体系内存证的电子合同被司法机关作为证据予以认可的可能性将会大大增加。

但是第三方存证服务商提供存证服务时，还须符合三个条件：一是电子存证服务提供者作为完全独立和中立的第三方主体，需具备独立和中立的地位；应确保无论是作为存证的实际操作方，还是向当事人和客户提供存证技术，均不参与该过程，保证己方处于完全独立于其他诉讼参与人的中立的法律地位。

二是保证电子存证技术具备可靠性。除了传统的数据加密、云端存储等技术，行业竞争中需要不断创新才能拔得头筹，如“互联网 + 司法鉴定”，电子存证平台通过将主体权威性和互联网技术相结合，提高鉴定效率，扩大司法鉴定机构权威信用的辐射外沿，并由此作为产品安全性的体现；再如“区块链存证”，结合区块链技术中录入信息的不可逆性，作为平台数据库安全性的保障。

三是电子存证的操作方式须合法合规。虽然《电子签名法》对电子认证服务机构设定了行政许可的要求，但第三方平台所进行的固定电子证据的行为并不是电子认证服务，不能根据该法认为第三方平台必须具备特定的资质。因此，对于取证手段而言，法院更需要审查其取证过程的合法性，如取证时采用的技术手段应当符合相应的技术规范、国家标准、行业标准等，不得采取非法入侵他人计算机系统的方式进行取证，不得采取黑客手段，不得以泄露他人的隐私为代价进行取证等。

（三）第三方存证流程

第三方存证机构作为与交易各方无利害关系的第三人，为签约主体提供标准化的电子合同存证服务，存证过程一般分为如下三个阶段：

第一，电子合同创建和生成阶段。签约主体向第三方存证机构发起请求，第三方存证机构将电子合同的哈希值通过加密传输通道发送到机构服务器中，签约主体经过 CA 认证后获得签署授权；签署文件的哈希值、企业公章/个人签名、签署人的数字证书组合、加密后形成数字签名；而后数字签名被嵌入到电子合同文本中，生成签署过的电子合同。

第二，电子合同加密和存储阶段。第三方存证机构对电子合同进行多重算法加密，将电子合同的签署时间、签署主体、文本、哈希值以及签署过程日志等数字信息通过软硬件技术手段确保无法被破解，并存储到机构数据库中。

第三，电子合同传输阶段。第三方存证机构将签署过的电子合同发送给签署主体，采用加密手段、完整性鉴别手段，证明数据在传输阶段的完整性、私密性和安全性。如第三方存证机构与公证处建立了合作，则会为公证处建立专用的公证取证 VPN 通道，公证机关可以直接进入第三方存证机构数据库后台调取数据，并依法出具公证书。

（四）电子合同存证的适用场景

电子合同存证服务，旨在为用户提供电子证据链闭环。现阶段第三方存证机构通常与公证机构合作，提供“签署 + 存证 + 鉴定/公证（ + 线上仲裁）”一站式服务，将电子合同的签署时间、签署主体、合同文本哈希值以及合同签署过程日志等数字信息保存在数据库中，平台通过必要的安全防御系统，保证以上信息无法被篡改。

同时，也有部分第三方存证机构与公证处合作，将存储的电子合同哈希值存管在公证处，发生纠纷时，签约主体可申请公证处出证，大大降低举证成本、提升证据的证明力。从数字证书、时间戳的签发，到电子合同、电子合同签署过程日志的存管，再到公证处的存证，形成了一个完整的证据链。第三方存证机构解决了电子合同易破坏、易被无痕篡改、不易固化归档的特征与法律法规要求证据相对固定、内容完整且未被更改、直观呈现且能归档之间的矛盾。

目前，国内的平台数据存证服务可适用于多种存证场景，例如签署存证、文件存证、照片存证、音频存证、视频存证。签署存证是指记录用户认证到签署全过程，结合哈希运算在公证处进行存证。文件存证是指上传文件至契约锁进行存证，便于快速出证，且具有更高可信度。照片存证是指批量进行照片存证，防篡改防抵赖，保护数据安全。音频存证是指及时进行录音文件的第三方存证，支持永久保存。视频存证是指支持多种视频格式的存证，保证数据一经篡改即可被发现。

（五）国内首个电子合同存证指引文件解读

2017 年 6 月 10 日，上海市互联网金融行业协会发布全国首个针对网络借贷电子合同存证业务的指引性文件——《上海市网络借贷电子合同存证业务指引》（以下简称《指引》），很好地解决了司法层面证据固定的真实性认证问题，率先通过法律支持的技术手段创设存证人的概念，对网络借贷电子合同签订行为进行认证。

针对网络借贷行业，《指引》的规定简要可归纳为以下三大要点：

一是确定第三方存证机构的唯一性。《指引》规定，“P2P 平台需要聘请第三方机构对其电子合同的签约及合同存储进行认证，且只能聘请一家存证机构从事该业务”。这条规定要求 P2P 平台在使用电子合同期间，仅能与一家存证机构平台合作完成电子合同的存证。这将促使 P2P 平台对于第三方存证机构选聘的要求更为严格和规范，会极大程度地降低 P2P 平台对于信息泄露的担忧，将使市场更为良性竞争、规范竞争、安全竞争。

二是确定五年最低存储期。《指引》明确了存证人将到期后的借贷电子合同及数据保存 5 年以上的强制性义务。最低存储期的启动，在司法层面上意味着 P2P 平台对于合同到期五年内的纠纷，具有举证责任。若第三方存证机构没有达到该存储标准的，那么由于 P2P 平台举证不能造成的损失有权向第三方存证机构进行追偿。

三是出具报告的义务。第三方存证机构的义务不单单是在电子合同签订时进行必要的认证及数据储存，其还有一项义务在于，一旦 P2P 平台涉诉需要提供电子合同作为证据的，为证明电子合同的真实性，第三方存证机构需要另行出具报告。报告出具的作用在于明确签署电子合同的事实，并对于电子签名的真实性及已签署的电子合同是否被篡改等问题给出结论。

（六）电子存证目前存在的争议或质疑

目前电子存证的技术还算比较成熟，发展势头也较好，但也有一些争议和质疑。

第一个方面是对方当事人认可度低，集中体现在对所固定的电子证据来源、真实性、客观性方面的质疑。当然，真实性的审查判断是核心问题，对方当事人必然会就此提出异议。

第二个方面是对第三方电子数据平台的身份、资质及中立性的质疑。受公证保全证据、申请法院保全证据的影响，很多当事人认为收集、固定证据的机构应当具有法定的身份和资质，否则就不能收集、固定证据。因第三方平台都是公司，无法定的身份和资质，故很多当事人认为其不能实施证据收集、固定等保全行为，并据此提出电子数据平台所收集、固定的证据不能作为证据使用。第三方平台的运营者大都是商业公司，且基本上提供的都是有偿服务。很多当事人据此认为第三方平台收取当事人的费用为当事人提供保全服务会导致其丧失中立立场。

第三个方面是对第三方电子数据平台所使用的技术手段能否保证电子证据完整性、真实性，是否经过了篡改，而提出的质疑。主要表现为当事人因为对技术手段不了解，从而一概否定。

第四个方面是举证方缺乏技术说明和解释能力，给证据的审查判断带来困难。有的当事人认为只要他提供了证据，如何审查判断就是法院的事儿，因此还拒绝进行解释说明，让法院看着办。

第五个方面是所取得的电子证据提交法庭的形式问题。各家机构不太一样。有的是提交一个光盘，有的就是一个网页打印件，有的借助于公证书或鉴定报告的形式。采取公证、鉴定报告的形式应当是存证公司为了增加电子证据的说服力采取的举措。但如果都采取公证书、鉴定报告的形式，第三方存证证据还能否保持成本低、效率高的优势，而且是否还属于本来意义上的公证或鉴定，都是存在问题的。

第六个方面是法院对第三方电子数据平台固定的电子证据有不同的认识。以可信时间戳为例，有的判决直接采信通过时间戳保全的电子证据，有的判决在采信该种证据时必须结合其他证据进行综合考量，还有的判决对该种证据不予采信。

四、电子合同第三方存证方法

可靠的电子签名或手写签名应用于电子合同、电子单证等多种场景，具体表现形式由明确的签名者身份（who）、签署内容（what）和签署时间

(when) 的一组相关联的电子数据组成，任何一类要素均不可以有二义性。如今，互联网上的数据电文原件只能达到其中的2W，即“What and When”，那么要使得电子数据具备证据效力，就需要借助第三方中立机构的公证，通过其权威性和中立性予以留存。

可信时间戳是联合信任时间戳服务中心签发的一个电子证书，由国家授时中心负责授时与守时监测，用于证明电子数据（电子文件）在一个时间点是已经存在且内容保持完整、未被更改，适应于各类型电子文档。主要应用于知识产权证明、电子证据固化、电子合同、电子单证、电子票据、电子档案等领域的电子证据原始性认证。

从中国裁判文书网上查询到的数据可知，采信可信时间戳的案件从2015年开始有了稳定快速的增长，2015年为190件，2016年为557件，2017年为656件。而这些涉及可信时间戳的案件中，有1223件为知识产权案件，占比超过80%，可见知识产权领域与可信时间戳具有较高的联系，侧面验证了作为保护创新发展的知识产权行业对新互联网技术的高感知度。

可信时间戳具有多种场景的取证方式，权利人可通过Web通用服务平台、标准API接口、移动客户端，亦可通过插件的方式从PDF、Word、Wps等软件中获取可信时间戳证书。

在知识产权确权方面，权利人在作品产生时向TSA申请可信时间戳认证。由TSA证明作品的申请认证时间、内容及申请人。最终，权利人提交给裁判机构的证据包括申请可信时间戳的原始文件、对应的可信时间戳证书以及可信时间戳认证证书。司法、行政等裁判机构则可以登录时间戳服务中心的网站进入验证中心，对权利人提交的原始文件和对应的时间戳证书，进行验证。

时间戳的验证结果包括以下两种：当哈希值一致时，证明电子数据在申请时间戳的时刻起存在且未被篡改或伪造；当哈希值不一致时，证明电子数据未申请时间戳或被篡改、伪造。

在知识产权维权取证方面，申请人既可以申请人工取证，也可以采用网页或手机客户端进行证据固化。

可信时间戳推出的互联网人工取证服务，由经过培训的机构和个人通过规范的操作程序，对于计算机清洁性检查，包括代理服务器、HOST文件、路由跟踪、IP信息等；关键证据截屏和另存文件，同时申请时间戳认证并验证，显示验证信息；以及登录国家授时中心或时间戳服务中心网站，一系列取证过程均进行录屏录像。之后，对录像文件申请时间戳认证。最终整理取证文件，形成完整证据包，包括录像＋时间戳、证据报告、网页＋时间戳。

第二节　电子合同第三方存证市场分析

一、第三方存证市场现状概述

第三方存证市场包含电子签名和数据存证两个主要环节。电子签名有电子认证和在线签署两个步骤，企业和个人用户在经过实名认证之后，可以通过手写电子签名、上传电子签章等方式完成电子文件的在线签署。电子签名的应用场景可以划分为内部的单据审批和外部的合同签署两大类，由于电子合同是电子商务应用的关键基础，目前市场上主流的第三方电子签名服务商主要以电子合同作为其核心的服务场景，向客户提供包括电子合同的创建、发送、签署和归档在内的一站式服务。在第三方电子签名行业发展演变的过程中，围绕电子签名本质的确权问题，服务内容进一步向全链条的法律服务延伸。

专业的电子合同存证服务，可为存证的合同数据提供一键出证、一键仲裁等法律延伸服务，满足多样化电子文件、凭证等保全需求。目前市场上较为活跃的电子合同第三方存证机构包括 e 签宝、法大大、上上签、契约锁、存证云、众签、文签、和签等，其主要服务的领域包括金融、电商、保险、物流、信息产业、医疗健康、旅游、家政、房屋中介、版权保护等各大垂直领域。

电子合同越来越多地应用在企业对公或对私的合同签订中，但合法可靠的电子合同必须基于中立的第三方电子合同平台签订，因此挑选一家可信的电子合同平台成为企业引入电子合同系统时必然会面对的一个课题。本书对电子合同服务商的评测主要从专业度、服务及功能、平台资质及保障、收费情况四方面分析。

专业度方面：专业度是我们选择电子合同服务商时优先评估的重要指标，主要从电子签名可靠程度及电子合同数据安全角度进行分析。

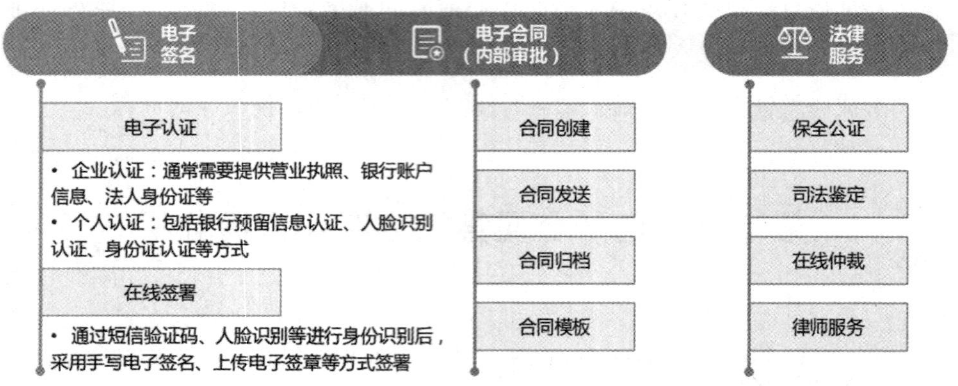

资料来源：艾瑞咨询研究院自主研究及绘制。

图 3－2　电子签名及合同存证的一站式服务

可靠电子签名的构成包括两方面，一是签署主体身份方面，电子签名为签名人所有并且电子签名签署时仅受签名人控制，签署主体身份认证包括实名认证、数字证书认证以及签署认证三种方式。二是内容及签名防篡改方面，完成签署的电子合同内容或签名的任何改动均能被发现，防篡改是数字签名技术的基本属性，也是电子合同平台的核心技术（需要通过某种加密算法来实现），一般具备合法运营的资质的电子合同平台首先都会具备必要的能够有效防篡改的数字签名技术。

数据安全是企业在使用电子合同服务时必然会关心的问题，对于数据安全的评估，可从平台本身的网络环境安全、数据传输安全以及数据备份存储安全三个方面展开。信息安全等级保护和信息安全管理体系认证是评估平台的网络环境安全最直接的标准；数据传输安全是通过安装网站数字证书的方式对数据进行加密传输来保障的；通过分析存储数据的云服务器辨别数据存储安全程度。

服务及功能方面：主要从部署方式及渠道、合同签署及管理系统、衍生法律服务角度进行分析。

电子合同的服务方式主要有三种：通过平台账户云端签署；在企业自有应用中以接口的形式调用平台服务；服务商为用户提供本地部署的电子合同系统。电子合同的签署渠道主要是指平台云端签署模式，包括 PC 端、APP、微信公众号等方式进行签署。电子合同的签署及管理系统包括合同创建、发送、签署及归档管理四个环节。

1. 法大大机构

（1）专业度

一是电子签名可靠程度。法大大对签署主体的认证通过实名认证（身份证认证、银行卡认证、eID认证以及支付宝认证）、数字证书认证（由深圳CA授权提供）以及签署认证（短信、语音、人脸识别、指纹等多种验证方式）三种方式实现的。在此基础上，法大大接入了由联合信任时间戳服务中心提供的时间戳服务，为电子签名添加时间属性，以确定合同签署时间无法被篡改。此外法大大还使用了区块链技术进行电子合同存证，在区块链中留下不可篡改的证据链痕迹。

二是电子合同数据安全。法大大的信息安全等级保护和信息安全管理体系认证均为最高级别；数据传输安全是通过安装网站数字证书的方式对数据进行加密传输来保障的，法大大的网站数字证书为OV SSL证书，能够实现数据加密传输；法大大对电子合同数据进行三重备份，存储在金融级别的云服务器中，数据存储安全。

（2）服务及功能

一是部署方式及渠道。法大大可以提供通过平台账户云端签署、在企业自有应用中以接口的形式调用平台服务、服务商为用户提供本地部署的电子合同系统三种部署方式的电子合同服务。且法大大支持用户通过PC端进行签署，也可以通过APP或微信公众号实现移动签署。

二是合同签署及管理系统。法大大可通过本地文件上传或使用模板的方式创建合同，而且法大大的电子合同模板数高于行业平均水平，覆盖不同行业，方便用户快速起草合同；法大大支持添加合同附件，附件内容也会作为电子合同的一部分进行数据固定存档。在合同发送方面，法大大仅支持向签署人发送，不支持发送抄送。法大大能够支持多人签署，并可设置签署顺序，包括无序签署、顺序签署以及独立签署。独立签署的意思是合同可同步发送到多个独立的签署方，合同接收方之间不形成缔约关系。撤销签署是针对合同已发送给签署人，但签署人尚未签署的情况下，发起方可选择撤回签署。

三是衍生法律服务。法律服务对于电子合同服务属于增值服务，但通过加入司法鉴定服务和在线仲裁服务来打通从合同签署到维权的闭环正是法大大的优势所在。极大地减少了用户取证的成本，降低用户维权的门槛。

（3）平台资质及保障

法大大成立于2014年，目前已获得6000万元人民币的B轮融资，是电子合同领域融资最多的企业，市场体量也明显高于行业平均水平，可以称得上是电子合同领域的排头兵。就服务保障而言，平台可以为用户提供由公证处提供的证明电子合同效力的公证书，并且针对电子签名效力和数据安全提供了相应的数据签名险。

2. e签宝

（1）专业度

一是电子签名可靠程度。e签宝针对个人用户提供了三种认证方式：银行预留信息认证；人脸识别认证；身份证认证（需提供正面照、背面照以及手持身份证照）。e签宝合作的权威CA机构有浙江CA、河南CA、四川CA、上海CA、CFCA，其中CFCA属于为金融行业的提供数字证书的机构，服务更加稳定可靠；且e签宝接入了多家CA机构，能够保障数字证书认证服务的稳定性；e签宝可在个人中心的“安全设置”模块中设置签署密码，绑定Ukey证书。用户可以选择通过签署密码签署或使用数字证书签署。在此基础上，e签宝接入了由联合信任时间戳服务中心提供的时间戳服务，为电子签名添加时间属性，以确定合同签署时间无法被篡改。

二是电子合同数据安全。e签宝的信息系统安全通过了ISO 27001信息安全体系认证和公安信息系统安全等级保护三级证书；数据传输安全是通过安装网站数字证书的方式对数据进行加密传输来保障的，e签宝的网站数字证书有Wosign颁发，证书类型为OV SSL证书，能够实现网站所属单位验证和数据加密传输；法大大对电子合同数据进行三重备份，存储在金融级别的云服务器中，数据存储安全。

（2）服务及功能

一是部署方式及渠道。e签宝针对企业用户提供了两种电子合同的服务方式：通过平台账户云端签署；或在企业自有应用中以接口的形式调用平台服务（即系统集成）。e签宝不提供电子合同本地化部署解决方案。e签宝签署渠道主要针对平台云端签署的模式，可以支持用户通过PC端进行签署，也可以通过APP进行移动签署，但e签宝不支持微信签署。

二是合同签署及管理系统。e签宝可通过本地文件上传或使用模板的方式创建合同，不过e签宝的电子合同模板数即为有限，也不能自己创建合同模板，一般来说用户需要以上传的方式创建合同。此外，e签宝不支持为合同添加附件，仅就合同创建而言，e签宝并不占优势。在合同发送方面，e签宝可选择发送给签署人或抄送人，没有提供审批人角色，不适用于公司内部的文件审批流转。e签宝可支持多人签署，并可设置签署顺序，包括顺序签署以及独立签署，不支持无序签署。独立签署的意思是合同可同步发送到多个独立的签署方，合同接收方之间不形成缔约关系。撤销签署是针对合同已发送给签署人，但签署人尚未签署的情况下，发起方可选择撤回签署。

三是衍生法律服务。e签宝通过加入司法鉴定服务和在线仲裁服务来打通从合同签署到维权的闭环来降低用户取证的成本和维权的门槛。

（3）平台资质及保障

e签宝成立于2002年，是老牌的电子签章产品提供商，e签宝最新一轮的融资为4500万元人民币的A轮融资，无论从技术资质还是发展现状来看，e签宝的可靠度都是有保障的。特别是从电子签名产品本身的专业度来看，e签宝具备电子签名技术的开发生产资格，而其他电子合同服务商一般需要购买其他产商的电子签名产品。从服务保障来看，e签宝可以为用户提供由公证处提供的证明电子合同效力的公证书，更容易确保电子合同的法律效力。

3. 上上签

（1）专业度

一是电子签名可靠程度。上上签个人用户与企业用户均须进行实名认证；上上签合作的数字证书认证机构有浙江CA、CFCA；上上签支持多种签署认证方式，包括短信验证、签署密码、人脸识别、拍照存档以及指纹签署，用户可自主选择签署验证方式。在此基础上，上上签使用了SHA-256散列技术进行数据加密，以确保文件的任何修改均能被发现；可信时间戳用于保障电子合同签署时间防篡改；且接入了由中科院授时中心同步的时间源以及CFCA颁发的时间戳证书，为电子签名添加时间属性。

二是电子合同数据安全。上上签在数据安全方面通过了国际标准化组织ISO 27001信息安全管理体系认证以及公安部信息安全等级认证（三级）；在数据传输安全方面，上上签安装了网站数字证书，所有文档通过AES标准的

256 位 SSL 加密文件传输，有效防止文件被窃取；上上签的网站数字证书为 OV SSL 证书（由 Symantec 认证颁发），能够实现数据加密传输和网站所属单位验证；此外上上签会对电子合同进行分布式备份存储，有较强的容灾能力。

（2）服务及功能

一是部署方式及渠道。上上签为用户提供了两种电子合同签署方式，用户可以通过上上签平台签署；或通过接口的方式为用户提供电子合同系统集成服务；此外用户也可以在 WPS 或 Office 中嵌入上上签提供的电子签名服务。上上签支持用户通过 PC 端进行签署，也可以通过 APP 或微信公众号实现移动签署。

二是合同签署及管理系统。上上签的电子合同系统最大的功能缺失在于合同创建方面，不支持附件上传。上上签不提供系统的合同样本，但支持用户灵活创建合同模板；用户在完成合同创建之后可以发送给不同的接收人，并选择接收人的操作权限，其中签署人和审批人均需要对合同进行签署。总体来说，上上签的合同流转及管理系统功能基本完善，能够支持复杂的企业架构，同时能够支持企业日常的文件审批流转，有助于帮助企业在文件审批方面实现无纸化办公以及移动化办公。

（3）平台资质及保障

上上签平台隶属于杭州尚尚签网络科技有限公司，公司成立于 2014 年，目前已获得数千万元人民币的 A + 轮融资，属于电子合同领域第一梯队的玩家，具备合规的运营资质。就服务保障而言，平台可以为用户提供由公证处提供的证明电子合同效力的公证书，并且提供了赔付上限为 600 万元的数据安全险。

4. 契约锁

（1）专业度

一是电子签名可靠程度。用户使用契约锁发起或签署电子合同前必须进行实名认证（身份证信息认证或 eID 网络身份证认证方式）。为契约锁用户提供电子认证的 CA 机构为上海 CA、北京 CA 以及 CFCA。契约锁的合同签署必须通过契约锁 APP 完成，其签署验证方式为“人脸识别”。在此基础上，契约锁的电子签名产品使用了必要的数字加密算法和技术，并接入了由联合信任时间戳服务中心提供的可信时间戳服务，为电子签名添加时间属性，时间戳除了为电子合同打上时间标签外，也使用了数字签名技术，能够确保文件的任何改动均能被发现。

二是电子合同数据安全。契约锁在数据安全方面通过了国际标准化组织ISO 27001信息安全管理体系认证以及公安部信息安全等级认证（三级），平台网络环境安全，能够有效防黑客攻击，避免数据泄露。在数据传输安全方面，契约锁通过安装了网站数字证书实现文件加密传输，避免数字信息被窃取和篡改。契约锁的网站数字证书为OV SSL证书，契约锁的网站SSL由Geo Trust认证颁发。

（2）服务及功能

一是部署方式及渠道。契约锁提供了平台签署、API嵌入和本地部署三种签署方式。后两种部署方式为私有化解决方案，即契约锁将其电子合同签署系统集成到企业用户的自有系统中，合同签署和管理不需要通过第三方平台。契约锁用户可以通过PC端的个人中心进行合同的创建和管理，但最终的签署行为必须通过契约锁APP来完成。

二是合同签署及管理系统。在合同创建方面，可以选择上传本地文件，或直接使用系统模板，不过契约锁的合同模板仅对企业用户提供；在合同发送方面，契约锁无法实现对发送人角色的管理，即合同只能发送给签署人进行签署，不支持添加抄送和审批人。整体来看，契约锁的合同签署和管理系统功能完善，能够满足用户对于合同发起、签署及最终的管理归档的需求。

（3）平台资质及保障

契约锁平台隶属于上海亘岩网络科技有限公司，公司成立于2016年，目前已获得由eteams云平台（泛微）出资的900万元人民币天使轮融资。契约锁成立时间不算长，但发展较为迅速，且平台运营资质完善，具备国家密码管理局核发的《商用密码产品销售许可证》。就服务保障而言，契约锁可以为用户提供由公证处提供的证明电子合同效力的公证书以及司法鉴定服务，没有提供保险保障。

5. 和签

（1）专业度

一是电子签名可靠程度。和签针对个人和企业用户分别有不同的认证要求和认证方式。和签对个人用户的认证方式包括公安部身份证数据对比、银行卡四要素认证、人脸识别认证、运营商三要素认证等。关于企业的认证主要包括企业工商信息审核和对公账户打款认证两部分。和签合作的 CA 机构为 CFCA、深圳 CA 和湖北 CA，就数字证书发放而言，和签能够通过多通道发证能够确保 CA 证书发放的稳定性。和签公有云平台主要通过签署密码和短信验证码的方式进行签署验证，确保电子签名为签署者所控制。在此基础上，通过和签平台签署的电子合同在添加时间戳之后同步存入国家互联网应急中心，由国家电子合同备案平台对数据进行保全存证，实现电子合同数据的固化和防篡改。

二是电子合同数据安全。和签在数据安全方面通过了国际标准化组织 ISO 27001信息安全管理体系认证，能够为签约客户提供军用级的安全防护网络环境，有效防黑客攻击，避免数据泄露。在数据传输安全方面，和签采用了 DV SSL 证书，使用 RSA 256 位对合同和证据链加密存储，保障传输过程和存储的保密性和数据安全性。在数据存储方面，和签依托于国家互联网应急中心进行数据存储，同时将加密后的合同数据备份在包括国家电子合同备案平台，国家互联网应急中心各地分中心多个节点进行存储，以保障数据不会丢失，具有较强的容灾能力。

（2）服务及功能

一是部署方式及渠道。和签能够通过系统集成方式将和签的电子签名系统集成到用户自有的业务系统中，方便用户的使用和管理；和签提供了标准的云接口，可根据客户的业务流程，将签约接口嵌入到客户平台，通过客户平台发起合同签署。和签支持用户通过 PC 端进行签署，也可以通过微信实现移动签署，合同接收者可以使用微信打开生成的签署链接进行签署。

二是合同签署及管理系统。和签可直接上传 PDF 格式的合同文件；用户也可以创建合同模板，对模板编辑后发起签署；和签发起合同时需要提供签署人的姓名、身份证号码/统一社会信用代码，才能发起合同。在合同归档管理方面，和签的功能较为简单，不支持分类文件夹，用户很难通过平台提供的合同管理系统直接对企业的合同进行管理，不过系统支持合同批量下载，企业可对下载的合同进行分类管理。

三是衍生法律服务。和签可提供包括司法鉴定、保全公证、在线仲裁以及律师服务在内的相关法律服务，其中司法鉴定服务是由国家信息中心数据司法鉴定中心提供；保全公证服务是由国家电子合同备案中心提供；在线仲裁服务是与深圳仲裁委和广州仲裁委合作提供的。和签能提供签约、存证、鉴证、律师服务在内的全证据链的电子合同服务。

（3）平台资质及保障

和签电子合同平台隶属于北京联合钛信科技有限公司，公司成立于2017年，并于2018年1月9日，经国家互联网应急中心（工信部直属）授权，成为其拓展市场的支撑合作伙伴，同时负责国家电子合同备案平台的运营及相关业务。

和签合作的国家电子合同备案平台是国家互联网应急中心设立的第三方独立技术平台，目前电子合同备案服务行业已从互联网金融延伸至供应链、物流、旅游、教育、医疗、人力资源等各行业，平台以金融级别的安全标准为市场提供电子合同备案服务，保障合同签约双方的各自权益。

通过国家电子合同备案平台进行合同备案的优势如下：一是权威性，平台为国家机构，客观中立，并且具有强大的技术支持；二是安全性，通过高级别加密传输保护、完整性鉴别、分布式存储隔离和安全防护保障，保证数据安全；三是可追溯性，所有交易记录均可追溯、可认证，一旦发生纠纷，可快速有效地界定各方责任，并出具密码学证明；四是便捷性，通过对接公证处，建立专用独立的公证取证通道，公证机关后台调取合同，实现一站式的备案公证。

6. 其他电子取证平台

（1）安存语录

2012年11月，杭州安存科技公司联合电信运营商、阿里云计算、公证机构共同推出安存语录，是首个一站式语音数据保全公证解决方案，可对通话内容进行实时录音保全。目前，已成为淘宝官方唯一认可的第三方语音维权工具，司法效力或人民法院认可。该系统确保了通话内容的完整性、真实性和可靠性，为日后还原原始通话内容提供了保障。

（2）网易公正邮

2014年9月，网易公正邮业务正式对所有网易邮箱用户开售，首日实现注册用户13万。公正邮业务为电子邮件的数据保全提供解决方案，为日后的电子邮件作为证据提供了保障。

（3）存证云平台

“电子数据 - 存证云平台”主要包括录音存证宝、存证邮、存证戳、随手拍等产品。

录音存证宝是手机 APP 软件（包含安卓版、苹果 IOS 版）。用户通过智能手机下载 APP，使用通话录音存证、现场录音存证、拍照录像存证等功能，并可随时通过手机对存证证据进行查阅和管理。所有证件文件可以申请相关司法鉴定机构出具鉴定文书。

存证邮是邮箱商通过与存证云平台的无缝对接，便于用户对电子邮件进行证据固定保全，并由存证云提供司法鉴定在线出证的一项服务。

用户将其创作的版权作品，以电子版形式上传至存证云平台，由第三方存证机构对该作品所体现的电子数据加盖特定的存证戳，将作品的形成时间和来源信息给予固定化，在提供安全保密的作品原稿云存储空间的同时，及时快速地对该作品与上传者之间的权属关系提供初步证明。

随手拍是按照行政机关对录音、拍照、录像、网页等取证规范定制，依托存证云平台保障证据效力，为鼓励群众举报违法违规行为、建设智慧城市提供的专用手机软件。

（4）子数据检测鉴定技术

计算机犯罪或网络犯罪，通常会在存储介质中留下操作痕迹，这些痕迹是罪犯作案的有力证据，因此需要对这些痕迹进行取证。罪犯在作案之后，通常会删除痕迹，而专业的电子数据取证产品能够将这些被删除的数据进行恢复，再对数据进行处理并找出作案痕迹，最终将电子证据作为法庭判案的证据。

电子数据取证产品对各种类型的存储介质中的电子数据进行检测鉴定，如存储介质出现被撞击、火烧、水浸或恶意软件删除等情况而无法读取，通过电子数据取证设备对其进行恢复、提取和分析。

美亚柏科公司的电子数据取证产品主要包括电子数据获取设备（包括只读保护设备、复制设备等）、电子数据分析系统和电子数据销毁设备等几大类，是软硬一体化产品，为电子数据取证工作的各个阶段提供设备和工具。

（5）无忧保全平台

2014 年 8 月，针对数字作品和网页保全的“无忧保全”平台正式进行上线公测。无忧保全致力于解决互联网时代版权保护以及网络侵权举证的平台。该平台以支付宝同等安全级别的阿里金融云为存储基础，依托公安部标准完整性鉴别，将版权内容或侵权证据安全、完整、即时保存。

未来，在司法数据云存储保全标准、国家组织机构代码查询证明保全标准、鉴定数据云存储保全标准、商业交易数据云存储保全标准、教育医疗金融数据存储保全标准以及企业软件开发、工艺设计图、商业秘密数据云存储保全标准等方面有望提出解决方案。

二、第三方存证市场需求与痛点分析

综合目前各家主流存证工具的特点和技术实现方式，企业关心的问题存在一些共性特征，例如如何保障时间效力的客观性、如何保障存证内容的客观性、如何保障存证主体身份的客观性、如何保障数据传输过程中的安全性和私密性等问题。

（一）第三方存证市场需求类型

在知识产权维权案件中，有待梳理的"电子存证"相关法律及技术问题，已成为多方关注的问题。随着互联网行业的迅猛发展，线上内容形成爆发式增长，大量的网络侵权行为都发生并存放在线上。传统的证据固化主要通过公证处完成，而随着技术的革新，新型的电子存证方式不断涌现，为权利人提供了一种便捷高效的证据固化方式。互联网企业作为电子存证的需求方，在实务中存在大量取证、存证需求。

互联网企业的业务类型多种多样，相对应的电子存证类型以及应用场景也比较繁杂。但无论场景如何多变，不管是在网页端还是手机移动端，静态或是动态，从权利类型的角度划分，存证需求可以大体分为侵权类证据固化需求和确权类证据固化需求两种类型。

侵权类证据固化需求，即对侵权方侵权的行为与事实进行证据固化。具体分为对侵权结果状态的存证和对侵权行为过程的取证两类：第一种，对侵权结果状态的存证，一般是对静态的侵权结果进行存证；比如媒体独家的文章被其他网站直接抄袭、企业商标、产品的页面设计被其他网站直接盗用，通常需要使用截屏等方式对这一状态进行证据固化。第二种，对侵权行为过程的取证，由于待证事实的证明流程比较复杂，单从状态来看难以判断其是否侵权；例如某侵权网页伪装成网络服务提供商，伪造成跳链方式，但实际上直接提供侵权内容。这种情况只有通过动态的证据固化方式，如与录屏工具配合，将证明过程通过可视化的方式展示出来，才能达到证明目的。

确权类证据固化需求，确权类证据固化往往是对己方行为的证据留存，目的一般是自证清白，以避免特定时间节点过去之后，对于自己行为的阐述因缺乏依据而被质疑，甚至被否定。确权行为的关键在于，企业需完成3W的信息证明，即证明当事人（who）在某一时刻（when）完成了某内容或进行了某行为（what），且该时间及内容均不可被篡改。属于确权类存证的需求主要存在于知识产权权属证明、平台协议/公告证明、履行通知删除义务三种场景中。

综上所述，由于存证需求类型多种多样，加之存证对象又区分网页端和移动端，很多时候同一侵权行为可能单一端发生，也可能多端同时发生，需要操作者针对不同的存证场景选取合适的存证方式和工具，并根据不同的事实及对象，设计不同的存证步骤，以在最大程度上使被存证的内容获得认可。

（二）第三方存证市场需求特点

一是时效性强。网络上的侵权行为发生的时间具有不特定性，随时可能发生，一旦发生，需要马上进行证据固化，不然有可能稍纵即逝，再也不可能对证据进行保存。有时候侵权行为可能发生在深夜或周末，公证处已下班，侵权方故意为权利人进行证据固化造成障碍。此时，如果可以在办公室或在家里通过电子存证的方式完成证据固化，将会非常的便利和高效。

二是地域广泛。互联网的特性是覆盖面广泛，侵权行为可以发生在任何地域，且可以实现服务定向，使不同地域看到的内容不同。很多侵权行为常常只发生在三四线城市，企业在当地往往没有设立办公室，或在当地没有公证资源，在取证上造成了很大的障碍和困难。此时，如果可以用远程取证来改变异地取证难的困境，例如通过虚拟桌面，或加设VPN等方式来实现取证，将会较大地提高异地存证的便利性。

三是存证需求量大。对于互联网企业，尤其是提供内容的互联网企业，每天面临的存证、取证需求量很大。以某一文学类型的侵权网站为例，由于侵权小说存在很多章回，每一回有很多章，每一章有很多节，需要进行侵权URL网页（Uniform Resoure Locator：统一资源定位符）存证的页面数量很多。

如果采用传统的人工方式，将会非常耗费时间。此时，如果可以采用镜像原理，对一个网页进行镜像取证，相当于把该网页下的所有网页链接都存下来，或使用哈希摘要技术，对节约成本、提高效率有很大意义。

四是要求操作便捷，且需要可视化。如前所述，很多网络侵权行为需要动态的侵权取证。以流量劫持或者假跳链为例，取证需要使用可视化的方式，以证明整个侵权行为发生的过程，最好的方式就是通过录屏加页面截图进行，以方便审理案件时了解整个存证的过程。但是，往往在录屏工具的清洁性、安全性和可靠性，以及电脑、网络环境是否清洁，接入的网络是否真实有效等方面，受到被告的诸多质疑。此时，第三方存证工具本身以及其所采用的技术是否可靠、安全、中立，成了关键因素。

五是大量数据存在企业后台。由于企业信息安全、用户隐私数据保护的需要，企业大量的数据信息是存储在企业自己的后台服务器上，当需要对这部分数据进行公证时，由于后台数据信息访问的前提是登录公司内网环境，多数情况下需要预约公证员来公司进行。此时，若可以使用存证工具在公司内网环境下，对存放在公司后台的数据进行证据固化，将会大大提升企业存证的效率。

综上所述，在互联网竞争环境日趋激烈的今天，证据留存工作已经成为企业的日常工作，结合互联网企业电子存证需求的以上特点，亟须寻找更加高效便捷且效力可以得到司法认可的证据保全方式。

（三）第三方存证实务痛点与困惑

首先，企业 VPN 或内网情况下，利用电子工具存证的效力问题。如前所述，大量的企业数据只能存放在公司的后台系统，出于企业信息安全的原因，需要在公司内网或连接 VPN 的情况下，才能登录互联网企业的后台或系统。如此，企业面临的一个痛点是，不管是到公证处现场去取证，还是利用第三方存证工具进行存证，在外网状态下均无法访问企业后台系统，也就无法对待存内容进行证据固化。如果企业自己利用存证工具存证，由于内网环境的不中立性及易被篡改性，存证内容的效力常被质疑。因此，多数情况下，企业通过预约公证员上门，在内网环境下进行公证。

同样地，当侵权场景在不同城市登录下展示的页面信息不同时，通过连接 VPN，可模拟在第三方城市 IP 地址登录，然而，一旦连接 VPN，因 VPN 资质及性质问题，取证效力极易被质疑。因此，当利用电子工具对企业内网信息进行取证时，或者利用VPN模拟在第三方城市或其他IP地址的状态下登录及取证时，如何保证该取证效力被认可，以及企业如何自证没有利用内网对信息进行篡改，是否可以用更新的技术来防止篡改或者证明内容没有因内网或VPN的原因而被篡改，值得继续深入探究与思考。

其次，是虚拟桌面等远程技术进行取证的司法认可程度及效力问题。据了解，部分电子存证服务商提供了链接第三方公证处，通过虚拟桌面完成线上存证，或通过下载客户端的方式，完成线上电子公证申办。此种虚拟桌面的存证方式，客户体验良好，便捷高效，可以实现动态及过程存证，也有公证处的背书，但与此同时，由于虚拟化等问题，也给使用者带来了一定的困惑，包括：该客户端的清洁性，安全性问题，有权机构对该客户端进行背书的必要性问题；虚拟化桌面环境或第三方服务器环境的网络环境中立性问题；客户端与公证处进行数据交换时的真实性及安全性问题；部分工具商提供移动手机端的存证工具，当存证APP调用手机端时，该用户手机清洁性问题（例如手机端是否需要操作恢复原厂设置）。

最后，是哈希摘要存证与原文存证的差异及法律效力问题。考虑到数据安全、商业秘密等问题，某些企业待存证的信息不便对外披露，此时，通过哈希算法生成哈希摘要，即对数据摘要部分进行存证时，司法对数据摘要的存证是否认可，仍尚待进一步明确。此外，在对盗版侵权行为进行存证时，由于侵权集数较多，如对每一部剧集都点开播放，则耗时成本高。是否也可以利用哈希加密的方式，将侵权作品打包下载，对下载包进行哈希存证，以提高存证的效率。

此外，第三方数据存证的另外几个问题也难以回避：

1. 保全前的挑战：用户身份与保全对象的真实性瑕疵

如上文所述，电子数据自身的特点决定了证据保全过程中一些现实问题的出现，稍有不慎就可能会造成整个保全程序失去法律意义，第三方机构在进行电子数据保全时不得不对虚拟形式的电子数据加以审慎对待。然而，由于第三方机构是在线上对用户进行证据保全，并未见到用户本人，其身份的真实性乃至提供的保全对象的真实性都可能存在问题。在第三方机构进行电子数据保全之前，对用户的身份及保全对象的真实性进行确认是不得不面对的问题。

（1）用户身份的真实性问题

在司法实践当中，当事人或利害关系人向法院申请证据保全以及申请人向公证机构申请公证保全的时候，需要提交相应的身份证明，供法院或公证机关对其是否符合申请条件进行核实。第三方电子数据保全平台采取的是线上保全电子数据的模式，用户在线上操作完成保全，第三方机构不能面对面地核实其身份。目前，在第三方电子数据保全的设计中，多在用户注册阶段，利用数字身份认证技术手段对用户进行实名认证来核实其真实身份。然而这只能在用户注册时确认其身份的真实性，不能保证登录保全平台进行保全操作、发送保全请求的就是用户本人。这是由于，尽管第三方机构会提醒用户不要泄露账号和密码，并以密码登录默认为本人登录，但在实践中用户的账号和密码完全有被盗用、冒用、骗用的可能。我国民事诉讼程序要求证据合法、真实且有关联性。若进行保全的当事人身份虚假，那么很难保证所保全的证据的合法性、真实性和关联性，所保全的电子数据也就存在不被法院或仲裁机关认可的风险。

（2）保全对象的真实性问题

电子数据是第三方电子数据保全的对象和关键，被保全的电子数据是否为真实客观的证据内容是电子数据保全程序首先应当核实的部分。通常来说，电子数据的生成、存储和传播依赖于电子信息技术的保障，可能以二进制代码的形式存在于一台或多台存储设备或网络服务器之中。此外，电子数据还可被分为一般数据、隐藏数据和加密数据，并不是所有电子数据都能通过简单的搜索方式提取的。若提取的电子数据不全面或是有损，则无法保证其真实性。这就对第三方机构提出了很高的技术要求。

另外，如前文所述，在第三方机构进行证据保全之前，用户通过网络向证据保全平台上传待保全的电子数据或提供所需保全的目标网页网址。第三方机构基于中立的地位，没有职能也没有能力对所提供的线索一一进行真实性审核，不能排除用户向证据保全平台提供虚假的电子数据的可能。另外，也可能由于用户上传提交的电子数据不全或者提供信息线索失误而导致所提取固化的电子数据欠缺真实性与完整性。由此，作为第三方电子数据保全平台的保全对象，电子数据可能会由于用户的因素而失去真实性。

2. 保全中的问题：电子数据保“全”难

根据第三方电子数据保全的全面性原则，保全平台不仅需要保全电子数据本身的内容，还应保全相关设备的信息。对电子数据的全面提取以及对相关网络的 IP 地址、网络连接情况、防火墙日志等相关的系统数据予以保存，对专业技术具有很高的要求。

为保护公民的合法权益，第三方电子数据保全也可能受到合法性原则的约束。笔者在上文中对第三方机构保全电子数据可能侵犯用户或第三人合法权益的情况进行了论述。当用户提请的电子数据保全的对象是涉及其他无关网民时，可能会对其隐私权造成侵害，进而影响到被保全电子数据在诉讼中的应用价值。若不对其进行保全，有可能会破坏电子数据的完整性，影响所保全的电子数据的真实性认定。我国目前没有对此作出立法的指导，因此如何在保护隐私权及其他合法权益的情况下，做到全面保全是一个不可忽视的难题。

另外，第三方电子数据保全基于互联网络进行，所保全的对象主要为互联网络中的电子数据或者用户自助上传的电子数据。对于那些存储于未连接互联网的计算机的电子数据，第三方机构不可能通过网络来完成。因此，不是所有的电子数据都可以用第三方电子数据保全平台进行保全。

3. 诉讼中的困境：证明力受质疑

电子数据作为一种新的证据种类，司法实务部门对其的适当使用还在不断的探索，而第三方电子数据保全作为对现有证据保全制度的创新，更是新的模式。因此，司法实务部门对第三方电子数据保全的态度是较为审慎的。而目前电子数据现状和第三方电子数据保全的地位使其在诉讼中的证明力受到了影响。

第一，从电子数据真实性的角度来看，电子数据的证明力是与其真实性密切相关的，而电子数据的真实性以其内容的原始性和完整性为基础。原始性要求电子数据的内容是初始生成的；完整性则意味着电子数据的生成、存储、传递过程中，不存在删除、改动、剪接等。对于完整性的理解，可以参照联合国贸发会 1996 年通过的《电子商务示范法》第八条的规定和我国《电子签名法》第五条的规定，虽然两者表述有所不同，但都认为电子数据的完整性在于自首次以最终的形态生成，即从未被更改，既包含了原始性又囊括了完整性。而对于第三方电子数据保全来说，须根据电子数据何时生成进行区别分析：当待证电子数据是进入保全平台之后提取的生成并存储的，则具备完整性要求。当待证电子数据生成于进入保全平台之前的，所保全的电子数据的形态，是电子数据保全平台保全提取后的形态，并不能证明该电子数据在进入电子数据保全平台之前的状态，也不能证明保全之前是否经过变更。从这个角度来看，第三方电子数据保全平台目前并不能完全地证明所保全的电子数据的完整性。因此，利用第三方电子证据保全系统保全的电子数据，在证据的完整性和真实性上可能会受到司法实务部门的质疑。

第二，第三方机构作为电子数据保全主体的合法性待商榷。目前，我国法定的证据保全主体是人民法院和公证机关，至于其他机构能否拥有证据保全的资质法律并未明确。开展第三方电子数据保全的机构，其是否具有证据保全主体的合法性有待商榷。也正是由于未能得到立法的授权，第三方机构进行证据保全的行为可能得不到相应的认可，所保全的电子数据的证明力也大打折扣。

4. 发展中的问题：立法的缺位与监管的缺失

我国目前还未出台独立的证据法，关于证据保全的规定散见在《民事诉讼法》《公证法》等法律法规之中，不能适应日益涌现的电子数据保全的形式。在上文中，笔者已经对该传统的证据保全体系无法满足电子数据保全需求的问题进行了分析。根据该体系，第三方机构并不在证据保全主体的范围之内。然而第三方机构的电子数据平台却在具体事务中实质上完成了电子数据保全工作。正所谓“名不正，言不顺”。第三方电子数据保全不具法定主体资格，其证据保全行为的效力也无法得到法定的认可，这无疑将阻碍第三方电子数据保全的发展。为提高所保全的电子数据的证据效力，一些第三方机构联手公证机构进入保全平台，对平台所保全的电子数据进行公证。这是第三方机构保全电子数据后为增强证明力的努力，也在一定程度上推动了电子数据第三方保全的发展。但司法实务中亦有观点认为公证机关并没有做到全程公证，证据效力存疑。例如，在（2013）浙杭知终字第 28 号案件中，原告利用第三方电子数据保全系统“安存数据保全专家”对被告涉嫌侵权的文章进行了远程网页抓取保全和存储后，后安存网络电子数据保全系统的合作公证机关公证员使用公证处计算机，登录“安存网络电子数据保全系统”公证专用平台，对所抓取的网页进行了下载公证。二审法院从公证的角度认为，安存“远程网页抓取保全系统”是否安全可靠属专业技术鉴定事项，不属于公证事项，根据公证书显示，从被诉侵权网站上抓取相关网页的过程是由用户在自己电脑上输入相关网页 URL 后，由安存“远程网页抓取保全系统”自动完成的，公证人员并未见证该过程，公证员仅见证了从安存网络电子数据保全系统下载保全内容的过程，对证明对象并不具有证明力。

我国也没有对证据保全标准的规定，造成第三方机构有技术却无法律指引的尴尬局面。这种立法上的缺位，阻碍了第三方电子数据保全在司法实践中的运用与推广，不能对第三方电子数据保全模式予以引导，在一定程度上阻碍了其发展。

另外，“法无禁止皆许可”，加之缺乏相应的监管制度，一些机构在电子数据保全的市场前景的推动下，纷纷开展第三方电子数据保全业务，质量参差不齐的电子数据保全的网络产品相继被推向社会，其保全的效果各不相同。就目前而言，第三方电子数据保全已经成了一个快速发展的行业，但由于其具有一定的新颖性，在对其监管方面存在一定的滞后，监管主体的缺失，进行电子数据保全的第三方机构主体存在多元性，也无行业协会或者相关单位进行监管，在监管的主体上存在缺位。尽管第三方机构需要向司法部或其他的国家科技管理部门申请相应资质，但只是第三方机构在技术上获得许可认同的，而不意味着日常管理和业务的监管。行业技术多样化：第三方电子数据保全具有高技术性要求，不同的机构所采用的技术不尽相同，采取统一的技术标准不具可行性甚至可能会对第三方机构的技术秘密或专利造成侵害。倘若长期处于无监管无约束的状态，第三方电子数据保全行业可能会出现主体良莠不齐，保全不可采信的情形，不利于第三方电子数据保全模式的进步和发展。

上述几个问题是第三方存证市场发展的痛点，一方面是技术本身的瑕疵，或者说技术适用中的一些不协调，另一方面则是思想观念，尤其是法律适用方面。技术的进步远比法律规定的发展要快，这就导致一个矛盾，先进的技术很难首先就获得法律的认可，它需要通过不断的实践来证明技术的可行性，最后才能被法律接纳。但是我们相信，随着技术的不断完善，以及法律实践中的发展，第三方存证的技术难题将迎刃而解，同事也会在法律效力上获得认可，发挥更重要的作用。

第三节　行业发展前景展望

一、降本增效无纸化办公的最后一环

当前，我国企业信息化推进步入深水区，无论是互联网企业还是传统企业都基本实现了数字化办公。然而多数企业进行合同签署时，依然需要由线上转为线下，已然成为企业现阶段打通全流程数字化办公的掣肘之一。

第三方电子签名服务能够为企业解放大量的人力物力，企业无须再组建专人团队来负责纸质合同的签署流程和管理工作，从而大幅降低运营成本，提高工作效率。尽管大众对电子签名安全性的认知尚浅，但实际上，采用严格的认证和加密手段的第三方电子签名服务比传统纸质合同 + 签字盖章的方式具有很多优势性，将成为降本增效无纸化办公的最后一环。

第一，数字化优势。第三方电子签名服务可通过事件认证替代传统电子签名中的 UKey，更适合移动互联网场景；通过签署时的一系列事件组合，如短信验证码、手写签名笔迹等保证签署人的身份真实，打通企业全流程数字化办公的“最后一公里”。

第二，降本增效优势。使用电子签名能够节省纸质合同所必需的仓储成本、人力成本以及快递成本等，免去流程中的等待和寄送时间，同时让电子文档的管理更加井然有序；第三方电子签名充分发挥云服务的社会分工优势，以按需付费的方式进一步实现降本增效。

第三，安全性优势。纸质合同时代，企业面临着伪造签章的风险，且在合同存储归档时，容易出现错配、丢失和外泄等问题；第三方电子签名服务商使用身份认证、数字签名和时间戳技术，固化合同的签署内容、签署人和签署时间，具有完整的追溯机制。

二、市场发展环境

（一）法律法规及政策

电子签名、电子合同、电子认证等是电子商务立法中的重要角色。自2004年我国颁布《电子签名法》后，相关法律法规和技术标准的建立工作稳步推进。各类电子商务活动对电子合同的需求变得越发强烈，《电子商务第三方交易平台服务规范》《电子合同在线订立流程规范》《网络借贷信息中介机构业务活动管理暂行办法》等文件均明确了电子签名的法律地位和使用规范，为第三方电子签名服务的应用推广创造了必要条件。

与此同时，政府机构在政务信息化的推进过程中，为完善电子政务内网的建设和优化网上公共服务的流程，正在成为第三方电子签名服务的积极践行者。浙江省“最多跑一次”改革通过“网上申报、网上受理、网上审核、身份认证、电子签章、电子归档”等方式，在加快推进商事登记全程电子化方面取得显著成果，未来有望在全国范围内复制推广。

另外，《中华人民共和国标准化法》将标准划分为国家标准、行业标准、地方标准和企业标准4个层次。其中，企业标准仅针对制定标准的企业，即电子签名领域的标准涉及前三个层次。在电子签名标准制定工作稳步推进的同时，第三方电子签名服务商开始积极地参与到各层次标准的制定当中，与政府部门、科研机构、CA机构、行业协会等其他主体一起，共同促进行业的规范化管理与可持续发展。参与标准制定一方面代表着政府对企业地位与能力的认可，另一方面也有助于企业在未来的市场竞争中占据先发优势，形成自我保护的壁垒。

（二）经济环境

艾瑞咨询数据显示，2016年我国电子商务市场交易规模达到20.5万亿元，同比增长25.6%，电子商务市场逐步进入平稳增长阶段。在同年的电子商务细分市场中，B2B电子商务占比超过七成，在电子商务市场中占据主导地位。电子商务交易规模的不断扩大，尤其以企业为主体的在线交易是电子签名生存的重要土壤，为电子签名创造了广阔的潜在发展空间。

（三）社会环境

CNNIC数据显示，2016年中国企业使用计算机和互联网的比例分别为

99.0%和95.6%。当前我国企业已经实现计算机和互联网的全面普及，数字化转型的加速将推动企业在管理和业务模式方面的变革。电子签名能够在企业内部单据审批、劳动合同和上下游订单签署等场景中发挥降本增效的作用，因而被视为企业数字化转型的重要手段。

根据艾瑞咨询数据，2016年中国互联网支付用户规模达到4.9亿人，其中移动支付用户规模为4.4亿人，用户在线支付的习惯已经逐渐养成。在线支付所覆盖的应用场景越来越广泛，将推动第三方电子签名服务进入更多的领域。

（四）技术环境

电子签名的核心技术涉及身份认证、数字签名和时间戳三个方面，通过将电子合同的签署人、签署内容和签署时间固化，保证电子签名具备真实性、防篡改和完整性。目前，市场上主流的第三方电子签名都是基于PKI公钥加密技术，采用与权威的第三方CA机构合作的方式，根据其所颁发的数字证书来证明签署人的真实身份。

为防止电子文件的内容被篡改，第三方电子签名服务商通常会采用国际通用的哈希加密算法，固化原始的电子文件数据。时间戳被用于表明电子文件在产生时间、归属及内容完整性方面具有法律效力，可信时间戳需要由国家授时中心授权，通过其提供的服务可精确记录签约时间。

✓ **公钥加密技术**即非对称加密技术，加密过程使用一个公钥和一个私钥，使用私钥加密的数据只能用公钥解密，因而可以使接收方确认发送方的身份。

✓ CA机构是公钥加密的核心，其所颁发的数字证书被用于证明某一实体的身份及其公钥的合法性，以及该实体与公钥之间的匹配关系。

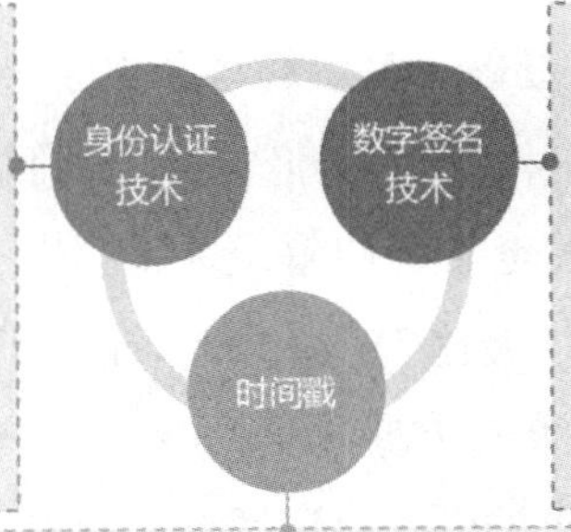

✓ **哈希摘要技术**通过将任意长度的二进制值映射为较短的固定长度的二进制值即哈希值，该算法在理论上是单向、不可逆的，可以被用来验证数据电文的完整性。

✓ 将使用公钥对电子签名解密所得的哈希摘要，与文件内容生成的摘要进行对比，能够判断数据电文是否被篡改。

✓ 时间戳是由国家认可的时间戳机构颁发的电子凭证，能够有效、客观、可靠地证明电子文件产生时间及产生后内容的完整性。

✓ **可信时间戳**必须由国家授时中心授权，由国家法定时间源来负责保障时间的授时和守时监测。

资料来源：艾瑞咨询研究院自主研究及绘制。

图3-3　电子签名核心技术

三、市场发展特征及市场竞争

2015 年以来，伴随云计算、数字签名、数据加密等技术的不断成熟，国内法律环境的日益发展，第三方电子合同服务闯入大众视野，并以互金、IT、制造业等行业为场景，产生出了客户端、标准接口、私有云、公有云等多种部署方式，逐步成为互联网企业服务基础必备项。

报告显示，相较于其他市场，第三方电子合同市场规模仍然较小，约 1.8 亿元人民币，虽然市场上崛起的新型电子合同服务商数量很多，但实际活跃度在 50 家以内。目前，围绕技术、产品、资质等要素，第三方电子合同市场已然开始分化，头部服务商占据了高额市场份额，并分别在配套服务、下沉服务、扩展服务上分化。

基于当前电子签名较低的市场渗透率，未来第三方电子签名市场的增长空间非常广阔。核心垂直场景中的 IT 服务商可能会成为第三方电子签名领域的新进入者，将电子签名打包进原有服务体系中提供给客户。考虑到电子签名与客户的机密文件息息相关，在第三方电子签名市场相对同质化的情况下，客户通常没有动力放弃已经使用的第三方电子签名服务。现阶段显现出一定领先优势的企业，尤其是具有完备的资质认证和可提供全生态闭环服务的企业，将能够借助整体市场的红利进一步巩固自身的优势地位。

近日，《2018 年中国第三方电子合同市场及应用行业研究报告》（以下简称《报告》）正式发布，《报告》深度解读了电子合同市场发展走向及重点应用行业，并揭晓了行业未来发展态势和头部服务商情况。

结合不同互联网场景的电子合同解决方案目前热度最高。2017 年初，互联网金融行业开始落地各项金融监管政策，提出了一系列合规性要求政策，其中就包含了对行业采用第三方电子合同需要配套存证服务的要求。但在 2017 年，提供符合监管要求的电子存证服务的第三方电子合同服务商非常少，厦门成为全国第一个实地开展政策落地市，当时厦门市的多家互联网金融企业选择集体接入了存证云电子合同，并由此形成了一股全国互联网金融行业接入电子合同的服务风潮。以存证云电子合同签约 + 存证为代表模式，头部服务商引领电子合同行业发展的风潮也由此展开。

表面上看，电子合同是签约形式的问题，但背后却关系到合同形式是否有效、合同保管是否安全可靠、合同是否能作为证据等一系列法律问题。电子合同的技术依托点是实名认证 + 电子签章，较好地解决了前面两点问题，但关于电子合同是否能作为证据为司法认可，目前，有附加电子存证的电子合同被司法认可，但对于电子存证的方式，整体司法实践数量仍在少数，而且实践认知不一。

因此，《报告》犀利指出，现阶段内，高达 94.1% 的成功应用型企业依然对第三方电子合同抱有质疑与担忧；并且 36.3% 的企业用户对签订、存储过程中的信息泄露、篡改的隐患抱有担忧和质疑，这也成为成功应用型企业最为集中的担忧点。另外，由于国内第三方电子合同市场正在快速崛起且行业内标准不一，一时间服务商数量者众，鱼龙混杂，资本大量介入想赚一把就走，才导致了用户选型的各种担忧，表现出来即对服务稳定性、牌照资质、运营能力的担忧。

这种情势下，越专注、越老牌、越有资质者越受到市场的欢迎。现在，第三方电子合同市场分为两种风格，一路是高歌猛打宣传牌的创业团队，亿级融资的新闻遍地都是，希望能以巨额资本投入，迅速攻占市场以保证下一轮存活；另一路则是夯实服务，稳扎稳打的老牌电子合同服务商，强调服务稳定、服务配套及后端的法律服务。正是这样的风格和思路差异导致了最终的服务品质不同，也由此引发了 2018 年以来一些已经接入了第三方电子合同服务的企业选择更换合作伙伴，或在原先基础上，额外再做存证以寻求安全感。

目前，国内市面上电子合同涉及的存证共有三种形态，区块链存证、权威机构背书存证以及纯技术存证。其中，区块链存证应杭州互联网法院首个判例而火遍互联网，但随后对区块链存证的质疑之声也相应袭来。从法院采信判例的数量上讲，目前最可靠的方式仍然是权威机构背书存证，即技术与资质结合的一种形式，具有广泛的司法实践基础和积累，并已经形成了一套比较成型的审查验证方式。

作为福建中证司法鉴定中心推出的互联网 + 司法鉴定电子证据综合服务平台，电子存证与电子合同均是存证云的产品服务。和从电子签章起家的其他服务商不同，存证云是从电子存证扩展到电子合同，这也是电子合同签约 + 存证模式的由来，司法鉴定机构作为权威背书方，不是事后鉴定，而是参与到事前、事中，全程鉴证，帮助提升了电子合同作为证据的证明力。

四、第三方电子签名服务产业

（一）第三方电子签名服务的商业模式

第三方电子签名服务商面向客户提供包括电子签名认证和签署在内的基础服务，以及围绕电子签名的一系列增值服务。对于电子签名的基础服务，服务商会根据实际的签署次数进行收费，签署量较大的客户通常可以根据预估的签署量购买不同等级的优惠套餐包。增值服务中的数据存证服务根据服务器存储容量计费，其他法律支持服务按照实际使用次数计费。

在营业收入的构成方面，中小企业和大量的个人用户虽然在客户数量上占据优势，但由于其付费能力和付费意愿较弱，第三方电子签名的销售额绝大多数来自政府、大型银行、企业集团等头部客户，基本遵循“二八定律”。政府和大型企业等头部客户对于第三方电子签名行业的价值不仅限于对营业收入的贡献，更重要的是，头部客户将在其市场扩张的过程中发挥关键作用。

对于小型企业和个人用户而言，由于本身对电子签名的需求量相对有限，第三方电子签名所带来的降本增效作用不足够显著。同时，交易中话语权较弱的一方也很难要求话语权较强的一方，从传统的“纸质合同 + 物理签章”的方式转为使用电子签名。相反地，政府和大型企业因为业务量更大，能从电子签名服务中获益更多，更有动力推动电子签名的应用。作为标杆客户，他们在第三方电子签名的市场认知度不高的情况下能够充分发挥背书效应，吸引周边的小型企业和个人用户，这种自上而下的链式反应将推动电子签名向大众化服务发展。

在服务范围方面，第三方电子签名服务商通常采取与专业机构合作的方式，完成由单纯的电子签名工具向覆盖电子数据全生命周期的服务闭环的延伸。电子签名进入 2.0 时代之后，主流的第三方电子签名服务商不再局限于提供实名认证、在线签署和合同管理等基础服务，而是开始围绕核心的电子签名、电子合同，向全链条、全生态的服务体系拓展。电子签名服务的本质是为客户提供可靠的电子签名，合法有效是其中的关键点。包括保全公证、司法鉴定、在线仲裁、律师服务等在内的法律增值服务，虽然其需求相对低频，与基础服务相比也并非营收主体，但在当前市场认知度有限的情况下，能够有效减少客户应用电子签名所存在的后顾之忧，因此对于第三方电子签名服务商而言是一项非常重要的服务内容。

在发展方向方面，运用区块链技术让合同从缔结到确认到执行的整个过程都由代码自动判断和执行，能够在提高交易透明度的同时大幅降低成本，是未来电子签名技术的探索方向。区块链是一种公开透明且不可篡改的数据存储结构，其在电子签名领域的应用主要集中在电子存证和智能合约两个方面。现阶段电子签名服务商大多将区块链技术使用在电子存证上，通过实时固化签署过程中产生的电子数据，解决当前电子存证中存在的“自证”问题，真正实现电子签名的可溯源、防抵赖和防篡改。去中心化的区块链具备的低成本、高效率、高安全的特性，能够与中心化的公钥加密技术形成互补，正在逐渐成为第三方电子签名服务的标配。智能合约是区块链技术在电子签名领域落地的第二步，部分领先的电子签名服务商已经在这一领域有所布局。

（二）第三方电子签名服务的产业链

第三方电子签名服务商的上游主要由提供实名认证服务的实名认证机构、提供数字证书服务的 CA 机构以及提供可信时间戳服务的联合信任时间戳服务中心组成。随着电子签名服务外延的拓展，第三方电子签名服务商通常会同包含司法鉴定机构、公证处、人民法院、在线仲裁机构和律师事务所在内的伙伴合作，向最终客户提供与电子签名相关的各类法律增值服务。

当前，第三方电子签名服务商以直销模式为主，同时正在逐步构建代理渠道以触达更多的三四线城市客户。除了向客户直接提供独立的电子产品和解决方案外，第三方电子签名服务商也通过第三方支付平台、移动办公平台和企业管理软件的管道，实现向中小企业客户和个人用户的扩张。

（三）第三方电子签名服务的衍生产业链（企业增值服务）

目前，市场上主流的第三方电子签名服务商有三种类型：一是新兴的第三方电子签名创业公司，其创始人多来源于 CA 机构、律师事务所或数据安全企业等相关领域，对于市场需求有较强的敏锐度，在产品体验方面具有优势。二是老牌电子签章企业及部分数据保全企业向云服务转型，因为在传统电子签名时期已经积累了大量客户资源且综合能力领先，其在应用场景覆盖面较为广泛。部分具有创新开拓意识的 CA 机构基于自身颁发的数字证书，推出第三方电子签名服务平台。除因内部化带来的成本优势外，客户对于 CA 机构背书的电子签名平台普遍信任度较高。

五、行业投融资情况

2015 年 5 月，美国电子签名服务商 DocuSign 获得 2.33 亿美元 F 轮融资，估值达到 30 亿美元。伴随着国内第三方电子签名服务商数量的成倍增长，第三方电子签名的资本市场也在 2015 年和 2016 年迎来了小高潮。

自 2015 年来，整个电子签名行业迎来了爆发式增长。2014 年仅有中国云签获得 3000 万元天使轮投资，而 2016 年有 10 家平台获得 12 笔融资，总额超过 2 亿元，与 2015 年相比，增长率超过 70%。

到了 2018 年，电子签名行业再次迎来了新一轮发展。1 月，e 签宝率先宣布完成了由前海梧桐领投、清控银杏跟投的 1.5 亿元 B1 轮融资，这也是目前电子签名赛道上最大的单笔融资。3 月，上上签也宣布完成了 1 亿元人民币的 B 轮融资，由晨兴资本领投，老股东经纬中国、DCM、顺为资本和 WPS 跟投。6 月，法大大宣布完成 B + 轮融资。

2014年至2018年上半年中国第三方电子签名融资案例数量

年	2014	2015	2016	2017	2018上半年
融资案例数量（件）	3	10	11	4	3

融资总额前3名（元）

e签宝 2亿+　法大大 Fadada.com 1亿+　上上签 BestSign 1亿+

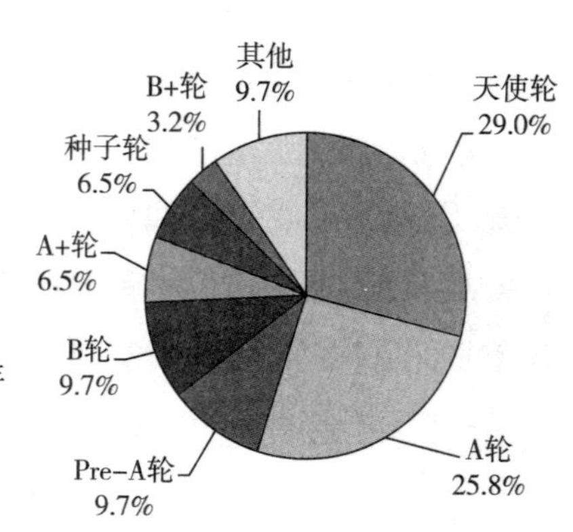

图 3－4　国内电子签名市场融资情况

从融资轮次来看，B 轮以前的融资占比高达 77.4%。进入到 B 轮的仅有 e 签宝、法大大、上上签三家公司，其中 e 签宝累计融资金额超过 2 亿元，法大大和上上签分别超过 1 亿元。可以见得，第三方电子签名行业依然处在发展的早期阶段。

2017 年 11 月，上上签全面收购快签业务。2018 年 1 月，e 签宝以 1.5 亿元的 B1 轮融资刷新行业的单笔融资规模，此后上上签和法大大各获得 1 亿元的 B 轮和 B + 轮融资，众签获得 7000 万元的 A1 轮融资。2019 年 3 月 6 日，第三方电子签名/电子合同平台法大大宣布完成 C 轮 3.98 亿元融资，此轮融资由老虎环球基金和腾讯联合领投，锐盛投资、元璟资本跟投。资本市场向头部企业集中，意味着第三方电子签名领域的马太效应已经开始初步显现。而且根据国外的电子签名行业发展经验，资本市场的布局还将继续。美国电子签名服务平台 DocuSign 于 2015 年获得 2.33 亿美元 F 轮融资后，国内电子签名市场同样受到了社会舆论和资本市场的高度关注。2018 年 4 月 DocuSign 成功上市且当日市值突破 60 亿美元再次给国内市场注入一针强心剂，第三方电子签名向全行业、全规模客户扩散的势头日益明显。

在当下互联网行业整体融资遇冷的大背景下，电子签名行业却一骑绝尘频频斩获巨额资金，电子签名行业对资本的强大吸引力反映出资本市场对电子签名行业高度认可。此前有业内人士曾对媒体表示，2018 年将是电子签名的大众化元年，相信随着电子签名技术的推广和普及，电子签名行业或将迎来爆发增长。主要有以下几点利好：

1. 政策环境显著优化

随着互联网技术的不断成熟和电子商务的快速发展，用户对于高效率、低成本的电子签名需求被彻底激活。从 2005 年起，国家先后出台电子签名相关政策和法律共 27 项，包括《中华人民共和国电子签名法》《中华人民共和国网络安全法》等，其中 2016 年 12 月提交全国人大常委会一审的《电子商务法（草案）》提出，“国家推动建立与不同国家、地区间跨境电子商务的交流合作，参与电子商务国际规则的制定，促进电子签名、电子身份等国际相互承认”。这一系列相关法律法规的推动，使政策环境显著优化，电子签名合法有效、安全可靠的特点也得到进一步认可。

2. 标准工作稳步推进

电子签名技术和应用标准进一步推动电子签名应用的发展。截至 2016 年底，我国正式发布的电子认证相关国家标准有 82 项，包括《信息安全技术公钥基础设施数字证书策略分类分级规范》《电子合同订立流程规范》《第三方电子合同服务平台功能建设规范》等对各平台提供的可靠合规的电子签名服务都做了有效标准，促进了行业的有序发展。

3. 市场规模不断增长

我国电子签名行业供需两端发展迅速，市场规模呈爆发式增长，应用领域持续扩大，平台用户数量和签约量已形成相当规模。2015 年，电子签名总体市场规模约 5000 万元，2016 年达到了 1.5 亿元，预计到 2018 年底将突破 10 亿元。展望未来五年，第三方电子签名平台、应用和服务市场将快速形成上千亿元规模。

4. 创新技术不断发展

电子签名行业的前景利好，还在于技术创新成果显著，包括引入区块链固化电子证据、创新密码技术保障隐私安全等。值得一提的是，当下火热的区块链技术，具有去中心、防篡改、可溯源等优点，特别适合应用在电子签名领域。目前，电子签名行业多家平台开始主动升级，如国内较早的行动派 e 签宝，2015 年开始就已经介入区块链领域，并与众安科技等企业合作，共同研究区块链技术在电子签名行业中的应用。目前，区块链技术在 e 签宝产品中主要应用于存证和出证两方面，应用的场景包括版权保护、在线签约、网页取证、电话录音、邮箱存证等方面。

5. 应用领域不断扩大

近几年来，第三方电子签名服务的应用正呈现多点开花的增长格局，向包括互联网金融、教育、旅游、电商、建筑房地产、物流、金融、政府、医疗、银行、建筑建材、培训、地产中介、政府事业单位、制造业、商贸等多个行业快速渗透。部分第三方电子签名服务平台致力于扩大行业应用范围，提供专注于不同行业领域的解决方案。

可以说从政策、技术、市场等各个方面，国内第三方电子签名企业现在正处于一个亟待引爆的发展环境中。考虑到企业全流程数字化办公的需求不断加深，第三方电子签名将会进入到越来越多的应用场景中，产业规模爆发增长必将成为未来的趋势。

2018 年 4 月，全球领先的电子签名企业 DocuSign 在纳斯达克 IPO，上市当日市值即突破 60 亿美元，2019 年初，DocuSign 的市值已经高达 96 亿美元。DocuSign 已拥有 2255 名员工，年收入达 5.12 亿美元，对比刚起步的中国电子签名市场，显然这将是一个非常巨大的市场蓝海。相信随着资本的注入和推动，必将带动国内第三方电子签名企业整体实力和市场的更大规模爆发。

第四章　国家电子合同备案平台的建设与应用

第一节　平台概述

一、建设背景

随着信息技术和互联网的发展，我们的生产生活方式也发生了重大变化，从现实世界向虚拟世界不断延伸，我们面对的纠纷也更加复杂，尤其是在网络环境下，证据的提取和事实认定尤为困难。证据必须符合合法性、真实性和关联性，对电子数据证据而言，其真实性是最大的硬伤。对于电子数据证据这类可能灭失或今后难以取得的证据，很多公民都选择了对其进行公证的方式来进行固定和保全。根据《民事诉讼法》及《最高人民法院关于民事诉讼证据的若干规定》的规定，经过法定程序公证证明的法律事实和文书，人民法院应当作为认定事实的根据，但有相反证据足以推翻公证证明的除外。依职权制作的公文书证的证明力一般大于其他书证。可见，在没有相反证据的情况下，办理了保全证据公证的电子数据是可以作为认定事实的根据，且证明效力一般大于其他书证。

司法解释对电子数据的详细规定，公众对电子数据公证需求的与日俱增，这是司法界一个里程碑的进展，同时也带来了诸多理论和实践上的挑战。而且电子数据在安全性方面也存在隐患，容易遭到病毒、黑客的侵袭，容易被当事人伪造、篡改、损毁，丧失原本的样态。电子数据的存取、阅读和传输依赖于现代信息技术的支撑，提取证据需要相应的电子设备和专业人员，而一般公证处人员往往不具备这样的技能。

因此，建立第三方取证系统的呼声日益高涨。通过建立第三方取证平台，在数据生成和创建、数据传输和存储以及数据取证等多个环节提供安全防护保障，实现由纸质公证书向电子公证书转变，保障电子数据证据的真实性、合法性、关联性，与公证处建立无缝衔接。

数据生成和创建：从数据生成和创建时就同步实施“实时完整性备份”，在第一时间（最短的时间）解决了证据固化和保存。

数据传输和存储：最高级别加密传输保护、公安部完整性鉴别、分布式云存储隔离和安全防护保障，解决数据实时同步备份过程及存储过程中没有被篡改，从而保证证据的真实性。

数据取证：建立专用独立的公证取证通道，让公证机关直接进入数据库后台调取已备份保全的电子数据，并以公证书的形式对此取证过程和电子数据内容进行直观呈现和形式固定，解决证据取得、法庭质证呈现及归档问题。

经过调研发现，目前市场上涉足第三方存证业务的公司呈逐年增加的趋势，主要有以下几类，目前市场上主流的第三方电子签名服务商有三种类型。第一是第三方电子签名创业公司，第二是传统电子签章及数据保全公司，第三是CA机构旗下电子签名服务商。其中，新兴的第三方电子签名创业公司，其创始人多来源于CA机构、律师事务所或数据安全企业等相关领域，对于市场需求有较强的敏锐度，在产品体验方面具有优势，如1号签，上上签，法大大，e签宝等。老牌电子签章企业及部分数据保全企业向云服务转型，因为在传统电子签名时期已经积累了大量客户资源且综合能力领先，其在应用场景覆盖面较为广泛，如君子签、一签通、金格信签等。部分具有创新开拓意识的CA机构基于自身颁发的数字证书，推出第三方电子签名服务平台，除因内部化带来的成本优势外，客户对于CA机构背书的电子签名平台普遍信任度较高，如安心签、信步云、大家签等。虽然这三类主要的存证平台都对电子数据存证业务进行了积极探索，但是整个第三方电子数据存证市场还是缺乏统一的标准，没有一个权威的国家级平台，市场还处于一个良莠不齐的状态，电子存证数据的司法适用力度和广度都有待加强。

最近几年，电子合同备案得到了监管层的重点关注，相关的细则和指引也在陆续出台，2017年6月10日，上海市互联网金融行业协会发布《上海市网络借贷电子合同存证业务指引》，在网络借贷电子合同存证业务中，进一步对委托人、存证人、存证业务系统、存证人履行责任、出具报告要求等多个方面做出了详细规定。因此，完成电子合同备案，实现合同存证，合理界定权责，将成为 P2P 平台迎接监管的一项硬性要求。

依靠国家互联网应急中心强大的技术支撑和智力支持，以及资源背景，为降低互联网金融风险，保障平台和交易人的合法权益，保证整个交易过程的透明性、可抵赖性，提出了参与方数字签名、用户私钥保护以及非对称加密技术，采用数字签名技术和完整性校验来保证电子合同数据的不可抵赖和不可篡改，既保证合同的安全也能使合同只能被签约者自己解密查看原文，解决了合同容易被平台、用户及存证平台篡改、产生纠纷时不认账的难题，并在现有法律之下，提供电子合同一站式出证业务。

二、总体设计与架构

国家电子合同备案平台是国家互联网应急中心（CNCERT）设立的第三方独立技术平台。国家互联网应急中心成立于 2002 年 9 月，属于国家级应急中心，是我国网络安全应急体系的核心协调机构。

本平台以赋予电子合同法律效力为目的，以保护互联网金融投资者权益为目标。通过“数字签名 + 时间戳 + 第三方合同托管 + 出证”等一系列措施，为互联网金融平台和投资者之间搭建一个共同信任的电子合同备案平台。本平台具有以下突出优势：

1. 权威性：作为国家平台，客观中立，具有强大的技术支撑和智力支持；
2. 安全性：通过高级别加密传输保护、完整性鉴别、分布式存储隔离和安全防护保障，保证数据安全；
3. 可追溯性：所有交易记录均可追溯，可认证，一旦发生纠纷，可快速有效地界定各方责任，并出具密码学证明；
4. 便捷性：通过对接公证处，建立专用独立的公证取证通道，公证机关后台调取合同，实现一站式的备案公证。

本平台提供互联网金融的电子合同备案服务，能有效避免后期因电子合同被篡改、丢失而引发的纠纷，确保平台和用户的交易安全。在网络投资纠纷中，电子合同数据是关键证据，有时甚至是唯一证据，但是因为电子合同数据易篡改、易丢失，经常会给当事人造成巨大损失。因此，为了保证电子合同数据的真实性、合法性、安全性和稳定性，迫切需要一个具有公信力的第三方存储和认证机构进行数据保全。本平台采用以“增强互联网金融用户交易安全”为核心的一站式互联网金融公证保全方式，当用户通过互联网发生交易行为时，将交易数据实时同步至 CNCERT 数据中心，所备案合同严格满足证据的真实性、合法性、关联性要求，必要时可以依法申请出具公证书，真正做到一站式公证保全。具体来说，本平台提供下列服务：

1. 存储合同及相关电子数据，用户可选择三种备案方式，一是实时签约、实时备案；二是实时签约、离线备案；三是系统撮合，离线备案。

2. 可为投资人、借款人及网贷平台提供第三方签约室，实时监督合同签订过程，并对电子交易合同进行数据备案，使各方不可抵赖，并为可能存在的法律纠纷提供电子证据。

3. 提供用户查询通道，备案合同可在国家电子合同备案平台网站（https：//ncrd. ifcert. org. cn）进行查询验证。

4. 便捷取证，用户可登录系统提交取证申请，系统随后进行身份验证，公证机关可根据申请迅速出具公证。

目前，国家电子合同备案平台的功能已比较完善，作为国家级存证平台，能够为合同相关签署方提供线上合同签署平台，以及为相关企业提供合同签署服务。具体地，为个人用户提供的功能包括用户身份认证、合同管理（模板管理、合同查询）、合同签署、合同保全；为企业提供的功能包括签章服务、合同保全和合同查询。总体架构图如下：

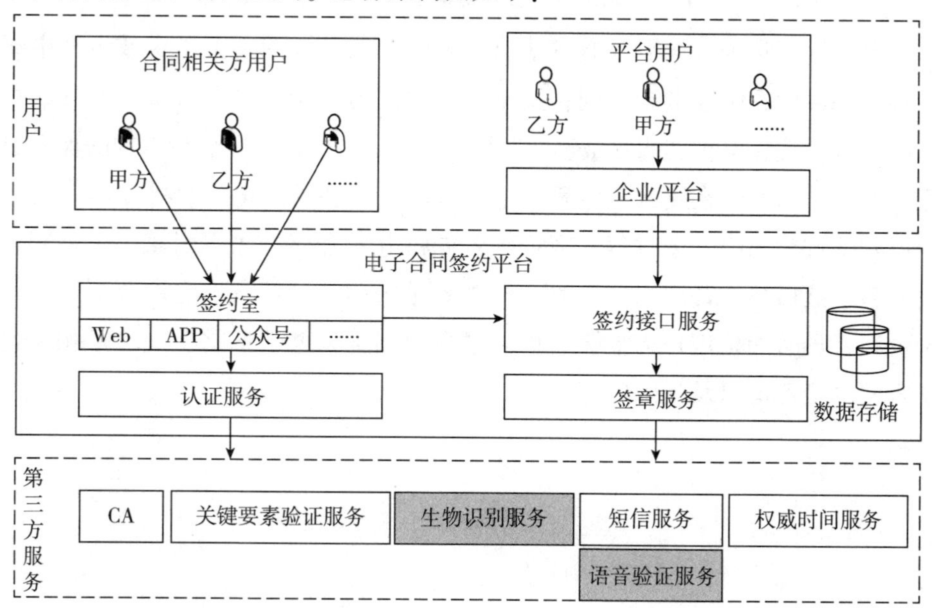

图 4－1　国家电子合同备案平台设计框架

此外，国家电子合同平台可为投资人、借款人及网贷平台提供第三方签约室，实时监督合同签订过程，并对电子交易合同进行数据备案，使各方不可抵赖，并为可能存在的法律纠纷提供电子证据。

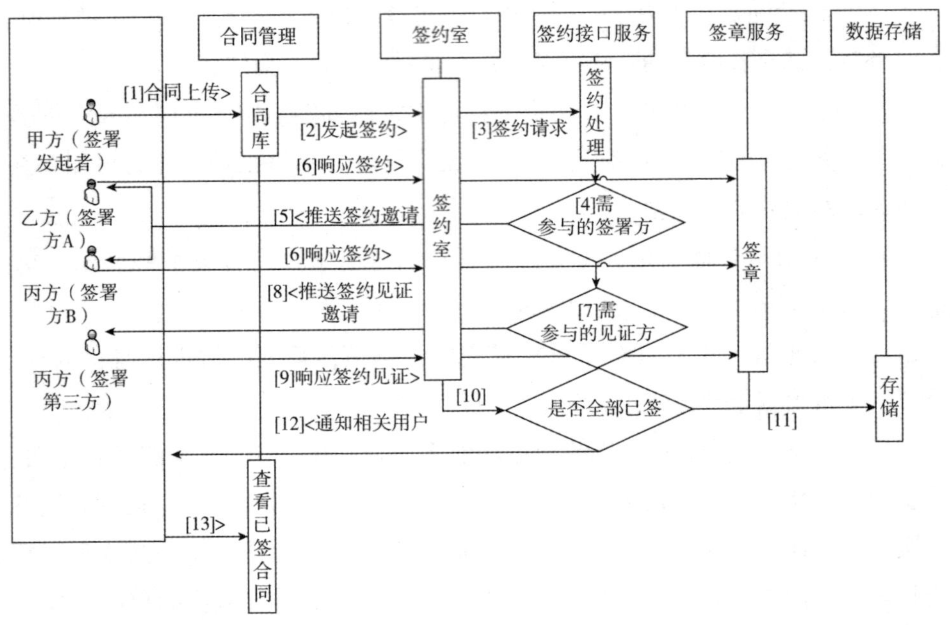

图4－2　国家电子合同备案平台签约室签约流程

电子合同从第三方平台通过接口传入国家电子合同备案平台或者在电子签约室生成后，国家电子合同备案平台实时进行保全，打上备案平台的签章与时间戳，确保电子合同不被篡改。图4－3是以P2P网贷平台为例的保全过程，左上方为实时在线保全过程，电子合同直接在国家电子合同备案平台生成；左下方为离线保全过程，网贷平台先将电子合同推送至国家电子合同备案平台，然后再由合同当事人对合同内容进行确认，双方确定后合同进入保全流程，最后如果用户需要，可以申请平台出证，电子证书上记录了相关电子合同的哈希值以及其他信息。

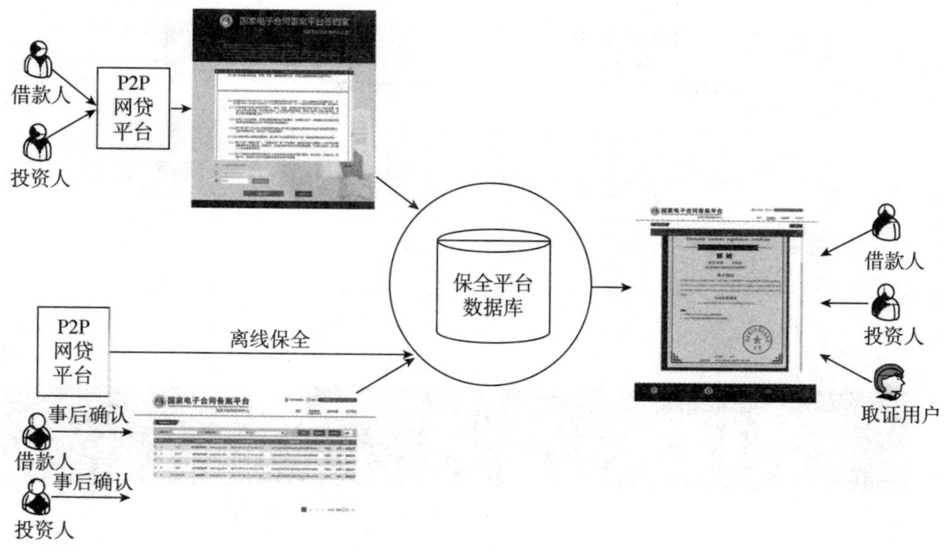

图 4－3　国家电子合同备案平台保全出证功能

另外，除了生成电子合同，对电子合同进行存证保全外，国家电子合同备案平台也能够对用户上传的其他电子数据进行保全存证，确保最大限度地发挥平台功能。

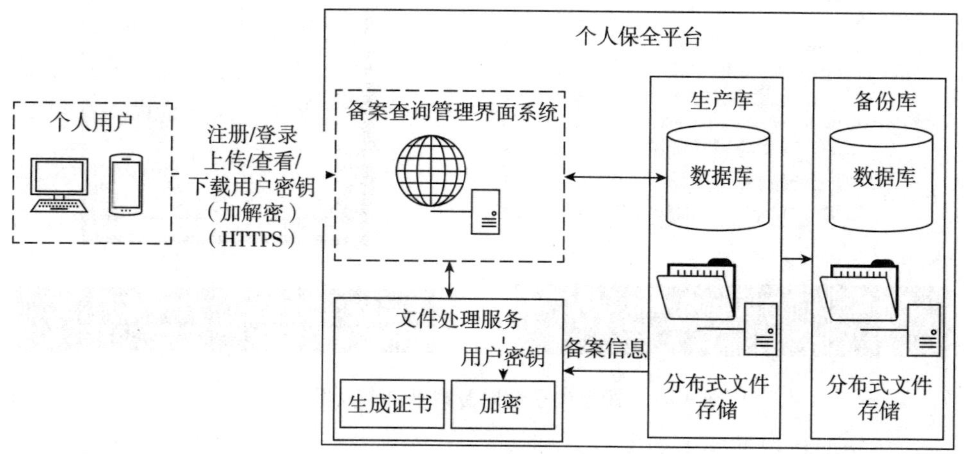

图 4－4　国家电子合同备案平台个人保全功能

备案用户 PC 端查询界面：

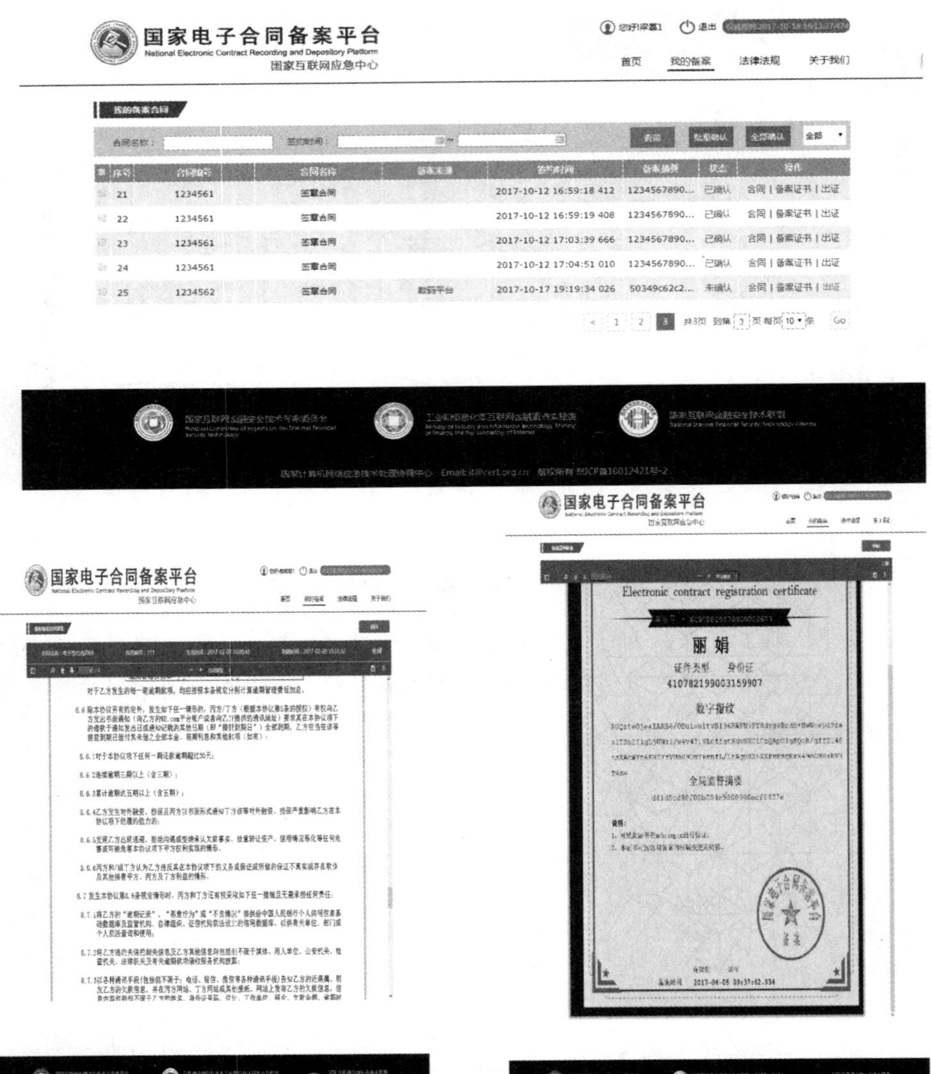

图 4-5　国家电子合同备案平台个人保全功能

备案用户移动端查询界面：

图 4－6　国家电子合同备案平台个人保全功能

第二节　建设情况与效用发挥

一、平台发展历程

从 2017 年 6 月正式上线以来，国家电子合同备案平台在应急中心的大力支持下获得了快速发展，两年的时间里，业务模式和业务规模不断创新和拓展。国家电子合同备案平台经历了五个主要的发展阶段，从 P2P 平台为备案存证切入点，延伸到整个互联网金融行业，在完善后端纠纷解决方式的同时，采用区块链技术，进行区块链存证，最后国家电子合同备案平台也在传统行业的数据电子化和第三方存证进行了有益探索，这也将是以后工作的重点。

（一）第一阶段：以 P2P 为切入点

在平台建设初期，以 P2P 网贷行业为切入点，是比较务实的做法，这也和应急中心在网贷行业监管中的技术支撑角色相匹配，应急中心在监管支撑工作中对网贷行业进行了深入研究，并积累了较为丰富的经验。随着 P2P 网贷平台业务版图的不断壮大、扩张，越来越多的电子数据进入交易系统，然而目前在认证用户时签署的依然是纸质合同，纸质合同繁杂、容易丢失，且不符合网络化平台的特点，如何把签订合同的程序从线下移动到线上，打造完全电子化的网贷平台成为各个网贷企业的迫切需求。当用户认证也电子化时，认证源的真实可靠便成了一个难以解决的问题。除此之外，当平台遭遇逾期、坏账、跑路等问题时，投资人由于缺乏相关证据，难以证明合同真实有效、合同主体合法有效等问题。为确保交易双方数据的客观性和安全性，选择第三方电子合同保全，势在必行。电子合同数据必须既有技术性又要满足法律属性，要能时时保存重要的电子数据作为依据，因此迫切需要一个具有公信力的第三方存储和认证机构。为此，借款人、贷款人、交易人、交易服务平台以及数据保全服务商多方亟须构建一套完善的安全解决方案，从而确保各个流程真实可信，且数据均可认证追溯。

（二）第二阶段：扩展到互联网金融全业态

在熟悉备案存证业务之后，国家电子合同备案平台将业务扩展到了整个互联网金融行业。在上线初期，国家电子合同备案平台对部分试点企业提供的是免费备案，后期越来越多的互联网金融平台申请加入，不仅限于网贷平台，随着备案模式的成熟和服务的稳定，国家电子合同不再对申请备案企业进行行业限制，逐渐扩展到互联网金融的全业态，包括典当、融资租赁、小额贷款、车贷等。

（三）第三阶段：完善后端纠纷解决

基于互联网时代电子数据大量增长的宏观背景，为解决其中民商事领域电子数据有效转化为电子证据的时代难题，国家电子合同备案平台一直在努力探索存证平台的后端纠纷解决机制。一站式备案是国家电子合同备案平台的建设初衷，随着用户越来越多，需求也更加多样化，尤其是后端的纠纷解决渠道，比如司法鉴定、公证、仲裁等，为了方便用户，整合资源，最大限度地发挥平台优势，国家电子合同备案平台在纠纷解决方面也取得了实质性突破。

早在2017年，国家电子合同备案平台正式上线后不久即与广州仲裁委员会达成战略合作，双方在线上仲裁方面进行了积极探索。2018年，先后与深圳国际仲裁院、广州安证司法鉴定书达成合作，国家电子合同备案平台将存证的纠纷解决渠道拓展到线上司法鉴定。2019年，为进一步完善平台功能，创新纠纷解决方式，方便用户，国家电子合同备案平台与厦门市公证处达成战略合作，双方的合作主要有两个方面，第一，厦门市公证处将依托电子数据公证中心，在电子数据相关领域为国家电子合同备案平台的用户提供优质、高效的公证法律服务，具体包括：根据用户需求，实时为存证的电子合同进行保全，出具数据确认函；双方进行系统对接，实现网上公证，根据国家电子合同备案平台及其用户的需求出具公证书，并提供对公证书等报告的专业解读服务。第二，双方采用新技术，提高电子证据采信的可靠性和效率性。

一直以来，国家电子合同备案平台一直秉持优势互补、协同创新、合作共赢的发展理念，与法律纠纷解决机构达成广泛的合作关系，希望通过构建长期、稳定、良好的合作关系，共同推进民商事领域电子数据证明标准的建立，在互联网世界建立新型透明、可信、可控的生态系统。

（四）第四阶段：上线区块链存证

2018年开年，以区块链、分布式技术为底层技术的“币圈”越来越火。

而作为技术本身的区块链技术，随着研究不断深入，“区块链+”产业不断推进，其在各个场景的应用也逐渐落地。从原理上讲，区块链技术去中心化、信息不可篡改、集体维护性等特点可以应用在数据存证领域可以说是跟电子合同完美的契合。电子合同的安全性是建立是在密码学原理之上，综合应用了电子签名、商事主体信用大数据、实名身份认证、第三方存证、加密存储等手段，确保电子合同的篡改，销毁和抵赖几乎不可能，真正实现了在技术面前人人平等。

基于原理上的天然契合，电子合同必将成为区块链技术的最佳应用场景。电子合同借助区块链技术，真正把信任建立在数据和算法之上，国家电子合同备案平台充分发挥技术优势与资源优势，率先采用了区块链存证技术。近期，国家互联网应急中心对国家电子合同备案平台进行了升级，正式上线区块链存证功能，以证明电子合同在存证期间不可篡改。

2019年初，已形成9个节点的区块链监督网络，监督节点部署在国家互联网应急中心、中国互联网协会、北京互金协会、中科院计算所、阿里、奇安信（原360企业安全）、北京互金安全产业园管委会、区块链安全检测中心（长沙）、北京甄真司法鉴定所。

区块链存证是指采用区块链技术手段，对备案合同进行多个节点的分布式存证，这里存证的是合同哈希值，而非合同原文，当需要验证是否被篡改时仅需将待检验合同的哈希值与区块链存证的哈希值比对即可。该方案一是充分利用了区块链的特性，通过其他节点的监督，可以证明数据在存证期间未被篡改；二是在区块链上仅存证了合同哈希值，合同原文仍集中存储在国家互联网应急中心，以确保合同原文的数据安全。同时，如果用户需要，可以在该链上的任意一个节点对自己存证的数据进行核验。

国家电子合同备案平台将加大在区块链存证方面的资源投入，为用户提供更好的备案存证产品。这里也对区块链技术用于电子证据存证技术原理进行补充说明，方面读者朋友们理解这一新技术运用。

按照区块链节点的分布情况，区块链被分为公有链、联盟链、私有链三种类型。公有链是节点不需要任何的身份验证机制，只需要遵守同样的协议，即可获取全部区块链上的数据，并且参与到区块链的共识机制中的区块链系统。联盟链是指针对特定的某些组织机构开放的区块链系统，这种许可机制就给区块链带来了一个潜在的中心。私有链是指完全被某个组织机构控制并使用的区块链系统。结合我国目前司法实际和技术状况不难发现，联盟链比较适合于应用电子证据存证。我国杭州互联网法院司法区块链就是使用区块链技术将公证处、CA/RA 机构、司法鉴定中心以及法院连接在一起的联盟链。

图 4-7　国家电子合同备案平台个人保全功能

公有链不借助一个中心化的机构完成证据的存证验证（无论是公证处还是第三方电子存证机构），而是通过区块链算法本身的技术特性达到存证信息具备法律效力的结果。从实际操作来看公有链形式不适合电子存证，理由是：由于各类司法案件发生的随机性，无法预先得知哪些数据在未来可能需要成为呈堂证供，就需要开放让所有生产数据的主体以及数据生产工具（产生数据的软件）主动认可同一种共识机制，参与到区块链中。社会主体认同参与这种共识机制也需要漫长一个接受过程，当然国家也可以通过行政或立法来缩短这一过程。即便所有数据生产主体愿意参与到这种共识机制中来预防未来风险，由于数据和节点数量庞大所消耗的互联网和计算机资源是当前环境无法承受的，共识的成本也远超想象。更重要的是，完全的去中心化公有链与司法集中判断权相矛盾，“去中心化”的证据意味着脱离法院监管，对于诉讼中的审查判断不利。

那么，是否能在特定的组织和体系内实现联盟链的电子数据存证应用呢？联盟链中的股份授权证明（DPoS）机制可以通过不同的策略，不定时地选中一小群节点，由这一小群节点做新区块的创建、验证，签名和互相监督，大幅度地减少了区块创建和确认所需要消耗的时间和算力成本。相比于公有链，联盟链更注重隐私、安全和监管。同时，由于联盟链保留了部分的“中心化”，不仅得到了交易速度增快，交易成本大幅降低的回报，在司法领域更是解决了去中心化与司法判断权集中的矛盾。因此，更适合于电子证据存证。联盟链中的节点准入制，可以理解为已经赋予了节点一定的信任。假设国内的第三方存证市场达成共识，由某个权威的第三方平台参与到同一种共识机制下的联盟链，借助区块链技术原理将电子数据存储在区块链上，并结合摘要算法、数字签名、数字证书等技术手段，保证用户数据的真实性、完整性和有效性，则实现了科技技术与电子存证的契合。

（五）第五阶段：传统行业的突破

目前数据电子化和第三方存证比较成熟的是互联网领域，尤其是互联网金融，涉及天量的电子合同和交易凭证。最近比较明显的趋势是传统行业的电子化，越来越多的非互联网企业正在寻求无纸化办公和线上签约，尤其是交易量大，流程比较麻烦的行业，比如物流、农产品，甚至是医疗行业。以医疗行业为例，国家电子合同备案平台在电子病历生成和存证方面提出了比较实用的方案。

电子病历是现代医疗机构开展高效、优质的临床诊疗、科研以及医疗管理工作所必需的重要临床信息资源，因此，保护电子病历系统的信息安全是医疗卫生信息安全的基础性、全局性的重要内容。

电子病历真实可信，不仅关系到居民健康档案“数出有源、数出有据”，还能与落实、规范临床路径，实现医疗过程监管，提高医疗救治水平与应急指挥能力息息相关。

为加强医疗机构电子病历管理和临床使用，促进医疗机构信息化，2010年2月22日，卫生部印发了《电子病历基本规范（试行）》的通知，并于4月1日开始实施。2005年4月颁布实施的《电子签名法》确立了电子签名的法律效力，从而从法律制度上保障了网上业务开展的安全，为我国信息安全认证体系和网络信任体系的建立奠定了重要基础。为贯彻《电子签名法》和

《电子病历基本规范》，保障医疗管理信息系统的安全，规避医疗行为的法律风险，卫生部于2010年1月7日发布了《卫生系统电子认证服务管理办法(试行)》，为卫生信息系统安全提出了具体标准。目前，很多医院和患者都对电子病历持审慎的怀疑态度，关键问题是纠结于电子病历的法律效力，一旦发生医患纠纷闹上法庭，都担心电子病历不能成为呈堂证供而败诉。因此，电子病历的合法性已经成为制约电子病历发展的重要因素，有必要从法律角度出发，依托现有的技术手段确保电子病历的法律效力，在医院信息系统中引入CA认证，采取电子认证技术和权威第三方电子数据存证能有效防止假冒身份、篡改信息、越权操作、否定责任等，从而加大无纸化进程中医院和患者关于电子病历的接受程度，从而助推病历无纸化进程。

国家电子合同备案平台联合和签设计了一套电子病历方案，该方案将为贵医院电子病历系统提供一整套基于电子认证服务和电子签名的解决方案，基于数字证书服务、数字签名验证服务器、电子签章和时间戳服务系统为核心产品，提供身份认证、数字签名、数据加密、时间戳、电子签章服务，从“可信身份、可信行为、可信数据和可信时间”四个范畴搭建医院可信医疗数据平台，从而真正实现医院信息系统的可信业务环境建设需求。

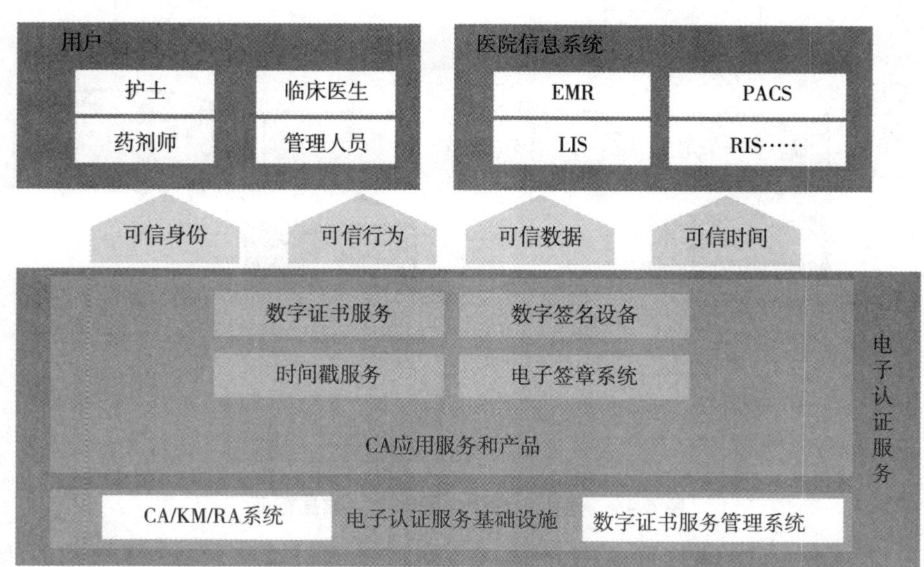

图4-8　医院业务电子病历签名认证应用实践模型

（1）可信身份服务为医院信息系统解决行为人的身份凭证及凭证认证问

题。医院通过接入第三方数字证书服务，部署数字证书受理点，为医生发放数字证书身份凭证；医护人员使用数字证书登录医院信息系统，医院信息系统通过电子签名客户端，实现强身份认证。

（2）可信行为服务为医院信息系统解决医疗行为可追溯问题。医生在电子病历等医院信息系统中所进行的关键操作，通过电子签名客户端完成数字签名。

（3）可信数据服务为医院信息系统解决医疗数据可信化、合法化问题。通过在医院信息系统集成数字签名验证服务器，实现处方、医嘱、病程记录等关键医疗数据的可信化转换，使之符合《电子签名法》对可信数据电文的要求。

（4）可信时间服务为医院信息系统解决医疗行为时间准确性和真实性问题。医院信息系统保存的医疗数据，需要加盖可信时间戳，确保此操作记录的时间可靠性。

下图为医生端电子签名与存证流程：

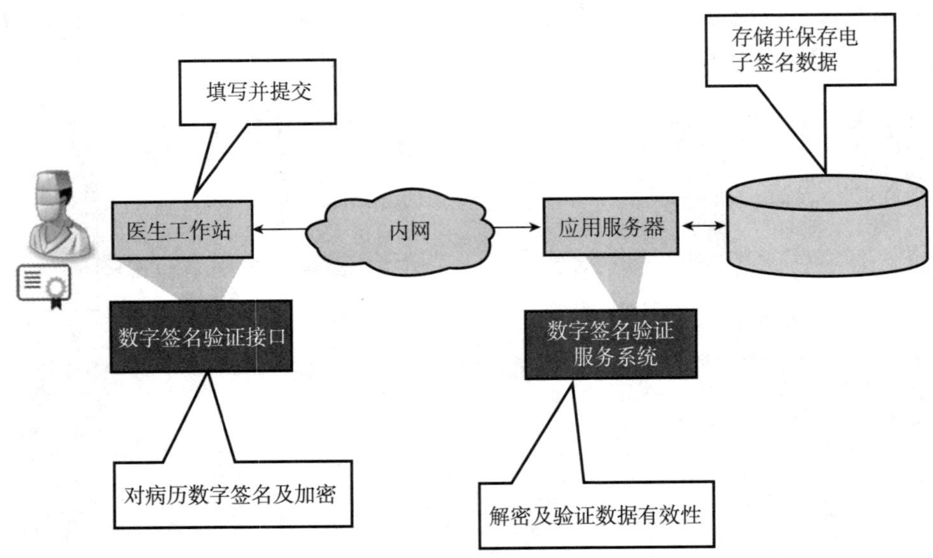

图 4－9　医生客户端电子签名及数据存证

在商务领域的拓展与应用方面。国家电子合同备案平台成立的初衷是为了完善监管，将关键的电子数据进行备案存档，一旦发生纠纷与金融违规事件，监管部门与司法部门可以按规定调取相关数据，厘清违规事实，从而确认违规责任，解决纠纷。除了规范市场，助力监管之外，国家电子合同备案平台也在商务领域进行了尝试，考虑到第三方电子存证行业发展速度较慢，缺少明确的行业标准，国家电子合同备案平台希望在行业中树立标杆左右，规范和引领整个行业发展。目前主要的商业化模式是国家电子合同备案平台进行授权，由资质健全，业务能力突出的商业机构进行市场代理，国家电子合同备案负责整个平台的开发和运维，代理机构负责市场推广，这样既不影响国家平台的权威性，也能充分发挥第三方机构的市场作用。国家电子合同备案平台已实现“验（多种方式身份验证）、签（满足不同签约场景）、存（数据存储在国家机房）、证（相关法律服务）”一站式电子合同服务支持。可灵活对接多种环境或业务系统，友好的第三方功能拓展支持能力，技术人员响应及时，沟通、服务意识好、对于技术问题讲解详细，客户反馈良好。

二、已发挥作用

自2017年6月正式上线以来，国家电子合同备案平台的合作平台100余家，随着存证市场的进一步发展，金融从业机构与金融消费者对第三方电子存证平台将会更加了解，逐渐接受这种新型的数据保全形式，此外，随着金融监管日益严格和完备，第三方存证平台也会在监管中发挥重要作用，成为金融规范监管的重要组成部分，有理由相信第三方存证将会更加普及，功能更加完善，作用更加突出。

此外，除了存证服务，在纠纷解决方面，国家电子合同备案平台也进行了积极实践。

三、建设目标

国家电子合同备案平台的建设立足于两个方面，一是助力监管，二是服务市场，监管与服务是一体之两翼，驱动之双轮。

（一）监管方面的基础作用

存证的数据除了后端的纠纷解决外，用更长远的视角来看还能有效支撑监管。电子合同的签署与存证完整记录了当事人所涉及的项目详细信息，在获得有关部门授权后，国家电子合同备案平台能够对备案的数据进行交叉分析验证，及时发现诈骗、非法集资等风险，为监管部门及时处置风险提供有效支撑。

（二）在规范市场方面的领导作用

国家电子合同备案平台在做好金融监管技术支撑的同时，依靠平台公信力与技术优势，继续服务与规范电子存证市场，使用户能享受到高效的电子数据保全服务，从而有效避免后期因电子数据被篡改、丢失而引发的纠纷，确保平台和投资人的交易安全，共同打造出一个安全、可靠的网贷环境，使各方不可抵赖，并为可能存在的法律纠纷提供电子证据。

接下来国家电子合同备案平台将会同相关部门以及平台和用户，尽快建立电子数据第三方存证的行业标准，从而促进整个电子存证市场的合规、健康发展。

第三节　未来发展及建设规划

作为国家互联网应急中心的第三方电子签约服务机构，国家电子合同备案平台成立初期就承担起在电子合同领域的国家使命和责任担当，从电子合同备案服务到互联网金融平台安全监管，不断发挥着服务实体经济“稳定器”的作用。但随着金融科技的大量显现，迫使监管必须从机构的监管走向功能监管，从一个静态的区域、一个城市、一个点走向跨区域和跨境的监管，这也给国家电子合同备案平台提出了新的课题。

面对新形势，适应新变化。国家电子合同备案平台根据综合运营情况进行了全面市场调研，通过分析发现，一方面国家电子合同备案平台亟待进一步实施市场化运营的开拓，确保优质的备案存证服务能够触及有需要的用户，另一方面，需要继续采用新技术，整合平台优势，加强“穿透式”监管并服务于长效监管。

一、平台功能完善

国家电子合同备案平台主要为互联网金融企业提供数据保全服务。该平台支持对接不同互联网金融业务场景，针对互联网接入企业推送的电子合同相关数据，采用数字签名、时间戳、保全存证等一系列技术手段和司法保全措施，为互联网金融平台及投资者提供保全存证、申请出证等电子证据支持服务。

其业务主要包括平台身份证书，电子合同原文、摘要、校验值信息以及备案过程记录。进一步对上述电子数据的形成过程进行分析，并参照相关法律法规对备案电子数据的法律效力和证据效力进行确认。该系统的核心功能模型是为用户提供数据保全服务，数据保全的目的是对用户业务场景中形成的关键数据的法律效力和证据效力进行确认，并在出现纠纷时将其转化为法律认可的电子证据。电子数据想要成为证据，需要满足三个基本要件：真实性、合法性和关联性，以此为评判标准，确定系统中的关键电子数据包括用户认证身份信息、保全数据内容以及对应的校验值信息，上述信息在系统对用户提供备案服务和出证服务中具有重要作用。

该平台作为一个第三方服务平台，可以为网络空间中不同业务场景下的交互双方提供数据保障，通过保全存证的方式确认数据行为的原始状态。在此过程中，不同用户身份及其所代表的法律关系是至关重要的，该系统通过线下核验的方式接入平台颁发对应数字证书，以实现对用户身份的有效性验证。

未来，为规范整个行业发展，国家电子合同备案平台将努力在以下几个方面加大投入，取得突破。

1. 打造电子证据信息汇聚平台

信息的易删改性及人们的保密等要求，为电子数据的生成、传输和储存提出了更高的要求。且与传统书证、物证不同，电子数据的虚拟性决定了其在遭遇篡改情况时，可以做到不留痕迹。因此，电子数据对运行环境和技术手段的依赖程度很大。

通过推动建立得到认证的统一的电子数据存储中心，搭建电子证据信息汇聚平台，做好电子数据提取、审查等工作，促进电子数据与司法制度和法律法规的进一步结合。

考虑到电子数据的敏感性，尤其是涉及个人的身份信息、投资信息、医疗健康等隐私数据，数据的安全尤为重要，比较合适的做法是由权威中立的第三方数据平台进行统一备案和存储。目前的电子数据的信息孤岛情况比较严重，各种不同背景和技术环境的数据存证平台拥有各种敏感数据，如果泄露将会造成严重的后果。国家电子合同备案平台致力于打造全国统一的电子数据存证平台，不仅备案存证个人用户和企业数据，对于其他第三方存证平台的数据也能进行统一存证，确保数据的安全性。

2. 搭建电子证据公证保全平台

受云计算环境技术发展的影响，侵犯个人隐私与企业商业机密等网络犯罪行为在向着大规模、分布式发展，研究在云计算环境下电子证据的公证保全问题，对维护个人隐私、企业间公平竞争以及国家数据安全具有重要意义。

通过搭建电子证据公证保全平台，配合开展对电子数据证据进行提取与固定，实现由纸化公证书向电子公证书转变，保障电子数据证据的真实性、合法性、相关性。

3. 搭建电子证据取证方法培训平台

配合开展面向全国公证处公证人员、法院法官、律师的培训，引导和督促互联网企业合理使用数据，及时保存数据、合法提供数据。

举办大型电子证据专题论坛，分别面向公证人员、律师和法官开展，加强电子证据行业宣传推介，充分发挥政府与企业、企业与企业的桥梁纽带作用。

4. 打造电子证据鉴定专家智库

在司法领域打造专家智库，对电子数据证据规则深入研究，为电子数据鉴定提供技术支撑。

5. 推动相关各方共同参与

公众需要树立并强化保存电子数据的意识，保存好原始证据，及时到公证机关申请公证，以增强电子证据的效力；司法部门需要在总结司法实践经验的基础上，出台提取、保全、认定、公证各类电子数据的相关细则，规范电子数据证据的收集和认证；公证处需要加强对人员的培训或引进专业人员，增添相应的设备，不断提高开展电子数据公证的能力和水平，不断满足社会的实际需求。

二、电子签章云平台解决方案

电子签章云平台解决方案将由国家电子合同备案平台与和签共同开发，和签是国家互联网应急中心授权的“国家电子合同备案平台”合法运营合作方，指导单位为国家互联网金融安全技术专家委员会。国家电子合同备案平台是纳入中华人民共和国国家发展和改革委员会批复的国家互联网金融风险分析技术平台的一个重要组成部分，是电子合同原始存证实现法律效力的平台。

（一）互联网金融行业解决方案

为解决互联网金融在线交易的信息安全隐患，电子签章云平台在融资企业、投资平台、担保公司等用户的系统中引进互联网行业电子认证解决方案，搭建功能完整、标准规范统一、系统先进可靠的数字证书安全认证平台，以确保交易数据的安全性、完整性及合法性。

基于公安部公民身份信息库、银联实名认证信息库，通过人脸识别、EID认证、银联认证、身份证查验等技术，对注册的用户身份真实性进行远程实名验证，确保用户身份的真实性。

为网上交易的各方实体（借贷方、投资者、平台方、担保方）核发代表其合法身份的数字证书，用于登录平台的安全身份认证工具，防止冒名登录。

对网上交易的内容提供电子签名服务，确保电子签署的电子合同具有合法性，保障交易各方的合法权益对网上交易各方用户签署行为提供国家授时中心的标准时间戳服务，确保交易发生、用户签署时间的权威公正，防止伪造和抵赖行为。提供数字证书在移动端设备上的应用，保障移动端签署的合法性需要。

为客户签署业务提供电子证据固化服务，客户端签署的电子证据，实时上传到国家电子合同备案平台，完成电子证据固化，并与司法鉴定机构、仲裁机构合作，可对交易内容的鉴别、认定及事后取证查询提供依据。

（二）电子签章云平台技术优势

电子签章云平台实现“验（多种方式身份验证）、签（满足不同签约场景）、存（数据存储在国家机房）、证（相关法律服务）”一站式电子合同服务支持。可灵活对接多种环境或业务系统，友好的第三方功能拓展支持能力，技术人员响应及时，沟通、服务意识好、对于技术问题讲解详细，客户反馈良好。

三、信息安全保护

为了建立健全国家电子合同备案平台的信息安全管理制度，按照相关的国家标准，确定信息安全方针和目标，对信息安全风险进行有效管理，确保全体员工理解并遵照信息安全管理制度的相关规定执行，改进信息安全管理制度的有效性。定期组织相关人员召开信息安全会议，对有关的信息安全重大问题做出决策。清晰识别所有资产，实施等级标记，对资产进行分级、分类管理，并编制和维护所有重要资产的清单。

综合使用访问控制、监测、审计和身份鉴别等方法来保证数据、网络、信息资源的安全，并加强对外单位人员访问信息系统的控制，降低系统被非法入侵的风险。启动服务器操作系统、网络设备、安全设备、应用软件的日志功能，定期进行审计并作相应的记录。

明确全体职工的信息安全责任，所有职工必须接受信息安全教育培训，提高信息安全意识。针对不同岗位，制订不同等级培训计划，并定期对各个岗位人员进行安全技能及安全认知考核。

建立安全事件报告、事故应答和分类机制，确定报告可疑的和发生的信息安全事故的流程，并使所有的职工和相关方都能理解和执行事故处理流程，同时妥善保存安全事件的相关记录与证据。对用户权限和口令进行严格管理，防止对信息系统的非法访问。制定完善的数据备份策略，对重要数据进行备份。数据备份定期进行还原测试，备份介质与原信息所在场所应保持安全距离。

与外单位的外包（服务）合同应明确规定合同参与方的安全要求、安全责任和安全规定等相关安全内容，并采取相应措施严格保证对协议安全内容的执行。在开发新业务系统时，应充分考虑相关的安全需求，并严格控制对项目相关文件和源代码等敏感数据的访问。定期对信息系统进行风险评估，并根据风险评估的结果采取相应措施进行风险控制。上述方针由我单位领导批准发布，并定期评审其适用性和充分性，必要时予以修订。

四、信息安全策略

（一）安全管理制度策略

统一制定信息安全工作的总体方针和安全策略，说明安全工作的总体目标、范围、原则和安全框架，形成由安全策略、管理制度、操作规程等构成的全面的信息安全管理制度体系；业务科技处、办公室负责安全管理制度的制定，安全管理制度应具有统一的格式和版本控制，同时并组织相关人员对制定的安全管理制度进行论证和审定，并通过平台进行发布；信息安全领导小组负责定期组织相关部门和相关人员对安全管理制度体系的合理性和适用性进行审定，对存在不足或需要改进的安全管理制度进行修订。

（二）安全管理策略

成立指导和管理信息安全工作的委员会或领导小组，全面负责信息安全工作。技术部门作为信息安全管理工作的职能部门，并设立安全主管，各业务处室设立安全管理员、系统管理员、网络管理员等岗位，并定义各岗位的职责。设立专职的管理员和系统管理员、网络管理员、安全管理员等，关键事务岗位应配备多人共同管理。

针对系统变更、重要操作、物理访问和系统接入等事项建立审批程序，按照审批程序执行审批过程，对重要活动建立逐级审批制度，并定期审查审批事项，及时更新需授权和审批的项目、审批部门和审批人等信息，并记录审批过程并保存审批文档。

加强组织内部的合作与沟通，定期召开协调会议，共同协作处理信息安全问题，并加强外联单位（电信、公安局、业界专家、专业安全公司、安全组织等）合作与沟通，并制定外联单位联系列表。制定安全审核和安全检查制度，规范安全审核和安全检查工作，定期按照程序进行安全审核和安全检查活动。

（三）人员安全策略

严格规范人员录用过程，对被录用人的身份、背景、专业资格和资质等进行审查，对其所具有的技术技能进行考核，并签署保密协议。

根据岗位职责要求严格履行其安全角色和职责，主要包括：保护资产免受未授权的访问、泄露、修改、销毁或干扰，执行特定的安全过程或活动，报告安全事件或其他风险。安全角色和职责必须清晰地传达给所有职工，确保他们能清楚各自的安全责任。定期对各个岗位的人员进行安全技能及安全认知的考核，对关键岗位的人员要进行全面、严格的安全审查和技能考核。外单位人员在访问中心信息处理设施前必须签署保密协议，保密协议内容包括外单位人员访问信息资产的权利、承担的安全责任、违反职责要承担的后果等。负责接待人员或部门要保证外单位人员了解保密协议的条款和内容，并同意协议规定的权利和责任。主要领导承担管理职责，保证所有职工和外单位人员能按照安全方针、策略和程序进行日常工作。管理职责包括使所有职工和外单位人员清晰了解各自的安全角色和安全职责、提高他们的安全意识和安全技能等。

定期对所有职工进行安全培训，培训内容包括安全方针、策略、程序、信息处理设施正确使用方法、安全意识等。根据人员的安全角色和职责制定不同的培训计划，保证所有职工和外单位人员能认识到信息安全问题和信息安全事件，并能按照各自的安全角色履行安全职责。

制定正式的纪律处理过程，来严肃处理安全违规的职工，并威慑其他职工，防止他们违反安全策略、程序和其他安全违规。纪律处理要正确、公平，要根据违规的性质、重要性和对业务的影响等因素区别对待。当职工离职或调离其他岗位、外单位人员合同期满时，立即终止原来的安全角色和安全职责，并通知中心所有职工，使所有职工能及时清楚人员的变化。当职工离职或调离其他岗位、外单位人员合同期满时，及时归还其使用的所有资产，如设备、软件、文件、访问卡、电子资料等，防止对资产的非授权使用，及时删除其对信息和信息处理设施的访问权限。

（四）系统建设策略

信息系统建设前，应明确信息系统的边界和安全保护等级，并明确说明信息系统为某个安全保护等级的方法和理由，同时组织相关部门和有关安全技术专家对信息系统定级结果的合理性和正确性进行论证和审定，并确保信息系统的定级结果经过相关部门的批准。业务科技处负责对信息系统的安全建设进行总体规划，制定近期和远期的安全建设工作计划；业务科技处根据信息系统的等级划分情况，统一考虑安全保障体系的总体安全策略、安全技术框架、安全管理策略、总体建设规划和详细设计方案，并形成配套文件。

应组织相关部门和有关安全技术专家对总体安全策略、安全技术框架、安全管理策略、总体建设规划、详细设计方案等相关配套文件的合理性和正确性进行论证和审定，并且经过批准后，才能正式实施。

负责安全产品的采购，确保安全产品采购和使用符合国家的有关规定，而密码产品采购和使用符合国家密码主管部门的要求，在采购前应预先对产品进行选型测试，确定产品的候选范围，并定期审定和更新候选产品名单。业务系统的开发、测试和运行设施要分离并进行控制，控制措施包括敏感数据不能拷贝到测试系统环境中、禁止开发和测试人员访问运行系统及其信息等，以减少对运行设施及其信息的未授权访问和带来的潜在风险。

定期根据外包服务协议中的安全要求，监视、评审由外单位提供的服务、报告和记录，监督协议规定的信息安全条款和条件的严格执行。监视、评审内容包括监视服务执行效率，评审服务报告，审查外包服务的安全事件、操作问题、故障、失误追踪和破坏的记录。

授权专门的部门或人员负责工程实施过程的管理，工程实施前应制定详细的工程实施方案控制实施过程，并要求工程实施单位能正式地执行安全工程过程，并制定工程实施方面的管理制度，明确说明实施过程的控制方法和人员行为准则。

新业务系统或升级版本在正式上线前，要进行合适的测试，并根据验收要求和标准进行正式的验收，以证实全部验收准则完全被满足。系统建设完成后应制定详细的系统交付清单，并根据交付清单对所交接的设备、软件和文档等进行清点；应提供系统建设过程中的文档和指导用户进行系统运行维护的文档，同时对负责系统运行维护的技术人员进行相应的技能培训。业务科技处负责管理系统定级的相关材料，并控制这些材料的使用；将系统等级及相关材料报系统主管部门和相应公安机关备案。

业务科技处负责等级测评的管理，并在系统运行过程中，对三级信息系统应每年进行一次等级测评，应选择具有国家相关技术资质和安全资质的测评单位，发现不符合相应等级保护标准要求的及时整改；同时在系统发生变更时及时对系统进行等级测评，发现级别发生变化的及时调整级别并进行安全改造，发现不符合相应等级保护标准要求的及时整改。在选择安全服务商时应符合国家的有关规定，并与选定的安全服务商签订与安全相关的协议，明确约定相关责任，同时确保选定的安全服务商提供技术培训和服务承诺，必要的与其签订服务合同。

（五）系统运维策略

所有的资产要指定专人负责，并对责任人赋予相应的职责，确保所有资产都可以核查。根据资产的重要性、业务价值、依赖程度，对所有资产进行分类、分级，编制资产清单。对资产清单妥善保管，并在资产变更时及时更新清单，确保可以对资产进行有效的保护。

应对磁带、磁盘、闪盘、可移动硬件驱动器、CD、DVD、打印媒体等进行有效的管理，防止非授权的使用和破坏。对可移动存储介质的管理包括所有介质应存储在符合制造商说明的安全、保密环境中，使用介质要进行授权、登记并追踪审计等。应对不再需要的介质进行安全处置，降低介质敏感信息泄露给未授权人员的风险。

应对信息系统相关的各种设备（包括备份和冗余设备）、线路等指定专门的部门或人员定期进行维护管理。

应建立配套设施、软硬件维护方面的管理制度，对其维护进行有效的管理，包括明确维护人员的责任、涉外维修和服务的审批、维修过程的监督控制等，应确保信息处理设备必须经过审批才能带离机房或办公地点。

应对通信线路、主机、网络设备和应用软件的运行状况、网络流量、用户行为等进行监测和报警，形成记录并妥善保存；同时组织相关人员定期对监测和报警记录进行分析、评审，发现可疑行为，形成分析报告，并采取必要的应对措施。

指定专人对网络和主机进行恶意代码检测并保存检测记录；定期检查信息系统内各种产品的恶意代码库的升级情况并进行记录，对主机防病毒产品、防病毒网关和邮件防病毒网关上截获的危险病毒或恶意代码进行及时分析处理，并形成书面的报表和总结汇报。

应建立变更管理制度，系统发生变更前，制定变更方案，同时向主管领导申请，变更和变更方案经过评审、审批后方可实施变更，并在实施后将变更情况向相关人员通告。

遵照信息安全事故报告机制，报告可能对中心的信息资产安全造成影响的不同种类的安全事故和弱点，并确保所有的职工、合同方和外单位人员都遵守执行这套报告程序。

对安全事故进行分类和分级，及时对信息安全事故的类型、频率和影响等进行评估，并采取适当措施防止事故再次发生。建立应急预案，在统一的应急预案框架下制定不同事件的应急预案，应急预案框架应包括启动应急预案的条件、应急处理流程、系统恢复流程、事后教育和培训等内容；同时应从人力、设备、技术和财务等方面确保应急预案的执行有足够的资源保障。

（六）物理安全策略

运行监控室负责机房安全，并配备机房安全管理人员，对机房的出入、服务器的开机或关机等工作进行管理。

业务与园区电讯保障室应定期对机房供配电、空调、温湿度控制等设施进行维护管理。运行监控室应建立机房安全管理制度，对有关机房物理访问，物品带进、带出机房和机房环境安全等方面的管理做出规定。在机房内设置安全防盗报警装置和监控系统来实现防盗、防毁、保障设备的安全。按照相关设计规范和技术要求，在机房设计和建设中做好静电防护设施、防雷装置和接地保护系统。必须建立警报系统，在发现擅自进入受控区域时发出警报。

对于重要的数据要进行备份，备份数据的存放位置应符合 GBJ45 – 82 中规定的一级耐火等级，符合防火、防高温、防水、防震等要求；定期对备份数据进行检查，保证其可用性。

第五章　传统机构的技术与业务创新

第一节　互联网法院落地

一、传统法院困境及革新

现今，公民的维权意识不断增强，加上法院立案登记制的改革，司法资源供求失衡的问题越来越严重，传统法院面临诸多困境。

法院面临社会矛盾的诉讼化转移。我国正处在社会转型期，经历着巨大变迁，涵盖结构转变、机制转轨、利益调整和观念更新在内的全方位转变，由此产生了大量的社会问题和社会矛盾，同时公民的维权意识和法制意识在这一过程中不断增强，矛盾纠纷的解决方式倾向于诉诸诉讼。立案登记制的改革使得诉讼的门槛变得较低，因此，大量纷繁复杂的案件涌入法院，基层法院的案件量呈上升趋势。

传统法院案多人少。虽然法院接收和处理的诉讼案件数量不断增长，但是法院里的司法工作人员并未随案件数量比例增加。法官招录的门槛不断提高，法官编制的不断缩紧和限定，法官的人数增长不多，导致案多人少的局面出现，司法资源比较紧张，供不应求。

这些困境在涉网纠纷中更加明显。随着网络应用和手机 APP 应用的普及，电子商务的快速发展，涉网纠纷的数量激增。但是一大部分涉网纠纷的金额往往不大，案件类型复杂。涉网纠纷用传统的诉讼去解决，存在成本高、周期长、程序烦琐等问题，而采取“网上纠纷网上审”的方式，能有效克服传统诉讼方式不足，利用互联网技术，打破空间地域的限制，为当事人和法官节省时间和精力，为民众提供更好的司法服务。

同时涉网纠纷也面临着取证难和执行难的问题。新设互联网法院专门处理涉网纠纷，一方面为当地基层法院解决了案件分流的困难，便捷、高效地解决纠纷。另一方面运用云计算、人工智能等高新技术审理案件，革新审判模式，解决执行难和取证难问题。互联网法院所显示的巨大潜能，将引领传统法院的未来发展方向。

二、互联网法院落地

为积极响应互联网时代的司法新需求，深化司法体制综合配套改革，推动网络空间综合治理，我国在部分地区成立互联网法院，集中审理涉网案件纠纷。2019 年初，我国已经落地的互联网法院有三家，杭州互联网法院、北京互联网法院和广州互联网法院。

1. 杭州互联网法院

（1）杭州互联网法院的挂牌成立

杭州互联网法院于2017 年8 月18 日挂牌成立，是全国第一家集中审理涉网案件的试点法院。早在2017 年4 月底，最高人民法院批复同意自5 月1 日起由杭州铁路运输法院集中管辖杭州地区网络购物合同纠纷、网络购物产品责任纠纷、网络服务合同纠纷、在网上签订、履行的金融借款合同纠纷和小额借款合同纠纷、网络著作权纠纷等五类涉网一审民事案件，揭开了杭州互联网法院设立的序幕，首月收案超过1000 件。

2017 年5 月26 日，中央全面深化改革领导小组第三十六次会议审议通过了《关于设立杭州互联网法院的方案》，在顶层设计上明确了杭州互联网法院的设立目标和发展方向，强调设立杭州互联网法院是司法主动适应互联网发展大趋势的一项重大制度创新。

2017 年8 月18 日，杭州互联网法院正式挂牌成立，贯彻“网上案件网上审”的审理思维，将涉及网络的案件从现有审判体系中剥离出来，充分依托互联网技术，完成起诉、立案、举证、开庭、裁判、执行全流程在线化，实现便民诉讼，节约司法资源。杭州互联网法院集中审理浙江省杭州市辖区内基层人民法院有管辖权的六类涉互联网一审民事、行政案件，开启了中国互联网案件集中管辖、专业审判的新篇章。

（2）杭州互联网法院成立以来取得的成绩

杭州互联网法院揭牌后，开审的第一案是《后宫甄嬛传》作者诉网易公司侵害作品信息网络传播权纠纷，起诉案由是网易未经授权，在其经营的网站“网易云阅读”通过收费方式非法向公众提供《后宫甄嬛传》的在线阅读服务，涉嫌侵权作品信息网络传播权。审理完本案，仅花了不到半个小时。

从2017年8月18日正式挂牌成立到2018年8月17日，一年之间，杭州互联网法院共受理涉网案件12074件、审结10391件；已关联当事人的案件100%在线开庭审理，庭审平均用时28分钟，平均审理期限38天，相较传统审理模式分别节约用时五分之三和二分之一；一审服判息诉率达99.1%。

杭州互联网法院建立起全国领先的智能立案系统。该系统实现了诉状一键生成、数据自动提取、机器审查立案、大数据类案推送等功能，而且操作简便，当事人“一看就懂、一用就会”，足不出户、动动手指即可完成立案。目前，杭州互联网法院线上申请立案数占比89.2%。

杭州互联网法院借助互联网大数据，深度运用电子送达平台，通过快速获取和定位当事人的活跃联系方式，根据宽带地址、电商收货地址等对当事人的户籍地址或常住地进行校对，找到当事人的实际地址，一键多通道同时送达，近九成案件可一次性成功送达，有效解决“送达难”问题。

杭州互联网法院推进办案全程无纸化，上线应用电子卷宗随案生成系统，充分发挥自动化智能归档分类、自动排版、数据结构化识别等功能，实现办案阶段与卷宗形成同步、案卷生成与卷宗归档全程自动，为案件智能审判大数据应用奠定坚实基础。

杭州互联网法院下功夫打造电子证据平台，上线全国首个电子证据平台。该平台将电子证据的格式、接入、传输、存取标准化，打通数据来源，在电子数据产生的同时进行固化，让电子证据可信、可用、可保存。2018年6月28日，杭州互联网法院对一起侵害作品信息网络传播权纠纷案作出判决，首次对采用区块链技术存证的电子数据的法律效力予以确认，并明确了区块链电子存证的审查判断方法。

杭州互联网法院首创异步审理模式，实现庭审模式从“面对面”到“背靠背”的转变，打破时空的限制，使当事人不再囿于固定时间、地点的选择。此创举实现了互联网思维与司法审判的有效契合，解决了传统审理模式中对时间和空间的限制问题。异步审理模式上线以来杭州互联网法院已结案 1881 件，适用率稳步提升。同时，杭州互联网法院积极探索智慧审理模式，运用人工智能（AI）研发智能化审判系统，让特定案件实现从立案到裁判全程智能化。目前已实现 1799 件金融借款案件自动生成裁判文书、自动送达，平均审理天数 20 天，平均仅需投入工作量约 80 分钟。

除以上成绩外，杭州互联网法院还制定出台了《诉讼平台审理规程》《电子送达规程》《电子证据司法审查标准》等 15 件网上诉讼规则，基本形成了涉网案件审判程序和操作指引等规则体系。

2. 北京互联网法院和广州互联网法院

（1）北京互联网法院和广州互联网法院的挂牌成立

2018 年 7 月 6 日，中央全面深化改革委员会第三次会议审议通过了《关于设立北京互联网法院、广州互联网法院的方案》，会议指出，增设北京、广州互联网法院，是司法主动适用互联网发展的一项重要举措。

2018 年 9 月 9 日，北京互联网法院挂牌成立，是全国第二家互联网法院。北京互联网法院集中管辖北京市全市辖区内应当由基层人民法院受理的特定类型互联网案件，主要包括：互联网购物、服务合同纠纷；互联网金融借款、小额借款合同纠纷、互联网著作权权属和侵权纠纷；互联网域名纠纷；互联网侵权责任纠纷；互联网购物产品责任纠纷；检察机关提起的涉互联网公益诉讼案件；因对互联网进行行政管理引发的行政纠纷；上级人民法院指定管辖的其他互联网民事、行政案件。

继杭州互联网法院、北京互联网法院成立之后，全国第三家互联网法院——广州互联网法院于 2018 年 9 月 28 日在广州市海珠区正式揭牌成立。广州互联网法院集中管辖广州市辖区内应当由基层人民法院受理的十一类涉互联网案件，在广州互联网法院当事人依托该院智慧审理平台可以实现“六个一键”办理，即“一键立案、一键调解、一键调证、一键审理、一键守护、一键送达”，诉讼服务体验将得到极大提升。

（2）北京互联网法院挂牌成立以来取得的成绩

2018 年 9 月 9 日，随着北京互联网法院挂牌成立，该院的电子诉讼平台正式对社会公众开放。据统计显示，电子诉讼平台开放首日，该平台访问量达 20.73 万次，注册用户 586 人，共接到网上立案申请 207 件，“抖音短视频”诉“伙拍小视频”信息网络传播权纠纷成为北京互联网法院成立后受理的第一案。该案件原告就是在北京互联网法院电子诉讼平台，以线上方式提交的诉讼材料及立案申请。

北京互联网法院充分运用人脸识别技术、智能机器人等科技产品。法院运用人脸识别技术，通过对接公安部身份系统，在当事人注册登录网上诉讼平台和进入法院时通过人脸识别进行实名认证，以确保诉讼参与人的人员身份真实。北京互联网法院大厅内的智能导诉机器人具备法律咨询、程序引导、法规查询、案件查询、法院介绍、院内导航等功能，可通过语音识别或触摸屏触发问答功能，可在诉讼大厅对当事人进行法律知识解答、线路指引等工作。

同时，北京互联网法院还应用了诉讼风险智能评估、诉状自动生成机、文书自动生成系统、语音互动音响、人工智能翻译机、VR 眼睛等高端智能科技。

（3）广州互联网法院成立以来取得的成绩

据统计，截至 2018 年 9 月 30 日 10 时，广州互联网法院在线诉讼平台总访问量达 148.6 万次，注册用户 1322 人，通过广州互联网法院官方网站、“广互在线”微信小程序、广州法院网上诉讼服务系统、律师服务平台等收到立案申请 521 件，其中侵害作品信息网络传播权纠纷居申请立案案由的首位，数量近 400 件。

“网上案件网上审理”是广州互联网法院聚焦的新型审理机制，案件全程网上办理，重点解决网上纠纷跨平台数据共享、电子证据可信调取等难题。“一键立案、一键调解、一键调证、一键审理、一键守护、一键送达”。当事人可以通过广州互联网法院平台六个“一键”按钮，完成所有诉讼环节。

在网上立案时，广州互联网法院的平台可以通过后台大数据智能检索，比如通过被告人姓名、电话号码，自动从运营商检索身份证信息，从电商平台检索常用地址信息，解决当事人网上纠纷立案信息获取困难问题。

广州互联网法院通过对接淘宝、支付宝、腾讯、京东等互联网平台原始数据，可自动调取货物清单、交易记录、支付记录等原始数据，解决当事人过往只能通过拷屏、截图、拍照的方式保存证据，证据的可用性、可靠性、可信性不高的难题。

广州互联网法院还实现了审判碎片化，可通过在线视频、在线留言的方式，实现异地异步审理，进一步方便当事人利用碎片化时间参与诉讼活动。

三、互联网法院的功能与优势

成立专门的互联网法院是我国司法主动适应互联网发展的一个重要举措，也是我国司法体制改革的一个进步。与传统法院相比，互联网法院不仅创新运用互联网技术提升法院诉讼服务质量，还着力解决传统法院面临的一些困境。结合北京、广州、杭州三家互联网法院的实践，互联网法院的功能和优势可以总结如下：

一是互联网法院的诉讼方式便捷周到，诉讼过程更加阳光公开。凡是属于互联网法院管辖的案件，当事人不需要到法院，便可以完成起诉、受理、送达、调解、证据交换、庭前准备、庭审、宣判等诉讼环节的网络化办理。此外，当事人还可以随时在线上点播庭审视频，阅读浏览卷宗材料，从而诉讼流程更加公开、更加透明，司法公信力更强。不仅如此，除了法律规定不公开审理的案件外，其余案件均在网上公开，任何人均可申请网上旁听。

二是互联网法院的诉讼成本显著降低，诉讼效率明显提高，节省当事人的时间成本、经济成本，也节省法院的司法资源。一方面，当事人可通过互联网法院的诉讼平台随时随地进行诉讼活动，不受时间和空间的限制，减少在途时间，降低时间成本和经济成本；另一方面，可运用诉讼风险智能评估、诉状自动生成机等智能技术，大大降低当事人的咨询成本。针对传统法院广受人民群众诟病的打官司不便、诉讼效率低等问题，互联网法院以问题为导向，整合升级科技优势，着力构建从起诉到裁判文书送达的覆盖诉讼全流程的多维网上诉讼平台，实现了诉讼各环节全程网络化，打造诉讼平台移动端，使打官司触手可及，让群众享受到越来越多的互联网司法红利。“送达难”影响审判效率，互联网法院借助互联网大数据，深度运用电子送达平台，通过快速获取和定位当事人的活跃联系方式，根据宽带地址、电商收货地址等对当事人的户籍地址或常住地进行校对，找到当事人的实际地址，一键多通道同时送达。

三是互联网法院的诉讼服务全面丰富。互联网法院以方便当事人开展诉讼活动为准则，当事人可通过线上宣传片、立案须知、技术服务热线等方式了解诉讼流程，并使用自助立案系统和诉状自动生成机办理诉讼业务。此外，当事人还可以到法院现场感知、当面咨询志愿者亲身体验诉讼流程，北京互联网法院还运用智能机器人提供法律咨询、程序引导、法规查询、案件查询等服务，即使第一次参加诉讼的当事人，也能独立地顺利开展诉讼活动。

四是互联网法院的司法工作更绿色环保。互联网法院推进办案全程无纸化，上线应用电子卷宗随案生成系统，充分发挥自动化智能归档分类、自动排版、数据结构化识别等功能，实现办案阶段与卷宗形成同步、案卷生成与卷宗归档全程自动，一方面为案件智能审判大数据应用奠定坚实基础，另一方面也节约资源，减少大量纸质卷宗带来的浪费和污染。

同时，互联网法院也面临着许多挑战，较为突出的是数据问题。数据是互联网法院得以发挥预设优势的基础，目前数据的创制、采集、保存、运用、管理等一系列流程还未完善，缺少数据交流和数据共享机制，各方信息端口尚未打通。数据的电子化处理也面临安全性和保密性的问题，如何确保互联网法院运行的各个流程不被阻拦、更改甚至伪造，确保诉讼合法有效，仍需互联网法院制定一套完整的检验与安全机制。

程序问题也是互联网法院不得不面对的挑战，程序正义是实体正义的基础和保障，诉讼在线进行可能会对司法程序产生一定的损害，在线审判现实操作性较传统审判差，法官对庭审流程的控制较弱，在线审判对部分程序造成冲击，比如在线审判的审理模式是否与司法亲历性相违背，证人远程作证能否保证证言的真实合法性，手续简化成本降低是否出现大规模的滥用诉权现象，这些问题都亟待进一步细化解决。

但是瑕不掩瑜，新生事物的发展总是会伴随着各种问题的出现，正是这些问题的解决使得新生事物不断完善壮大。互联网法院的建设顺应互联网时代的司法需求，对司法审判带来了诸多正向影响力，时间将见证互联网法院的不断完善。

四、互联网法院管辖范围

最高人民法院对诉讼管辖的规定，以及目前各个互联网法院确定的范围。

（一）最高人民法院规定的互联网法院管辖范围

2018 年 9 月 6 日，最高人民法院出台了《最高人民法院关于互联网法院审理案件若干问题的规定》，该司法解释第二条和第三条从整体上明确了互联网法院的管辖范围。

第二条 北京、广州、杭州互联网法院集中管辖所在市的辖区内应当由基层人民法院受理的下列第一审案件：

1. 通过电子商务平台签订或者履行网络购物合同而产生的纠纷；
2. 签订、履行行为均在互联网上完成的网络服务合同纠纷；
3. 签订、履行行为均在互联网上完成的金融借款合同纠纷、小额借款合同纠纷；
4. 在互联网上首次发表作品的著作权或者邻接权权属纠纷；
5. 在互联网上侵害在线发表或者传播作品的著作权或者邻接权而产生的纠纷；
6. 互联网域名权属、侵权及合同纠纷；
7. 在互联网上侵害他人人身权、财产权等民事权益而产生的纠纷；
8. 通过电子商务平台购买的产品，因存在产品缺陷，侵害他人人身权、财产权益而产生的产品责任纠纷；
9. 检察机关提起的互联网公益诉讼案件；
10. 因行政机关作出互联网信息服务管理、互联网商品交易及有关服务管理等行政行为而产生的行政纠纷；
11. 上级人民法院指定管辖的其他互联网民事、行政案件。

第三条 当事人可以在本规定第二条确定的合同及其他财产权益纠纷范围内，依法协议约定与争议有实际联系地点的互联网法院管辖。

电子商务经营者、网络服务提供商等采取格式条款形式与用户订立管辖协议的，应当符合法律及司法解释关于格式条款的规定。

（二）杭州互联网法院的管辖范围

在最高人民法院出台上述司法解释之前，杭州互联网法院于2017年8月18日就发布了《杭州互联网法院涉互联网案件起诉及管辖指引》，此文件明确了杭州互联网法院的管辖范围。

根据《最高人民法院关于印发〈关于设立杭州互联网法院的方案〉的通知》，自2017年8月18日起，本院集中管辖杭州市辖区内基层人民法院有管辖权的下列涉互联网一审民事、行政案件：

1. 互联网购物、服务、小额金融借款等合同纠纷；

2. 互联网著作权权属、侵权纠纷；

3. 利用互联网侵害他人人格权纠纷；

4. 互联网购物产品责任侵权纠纷；

5. 互联网域名纠纷；

6. 因互联网行政管理引发的行政纠纷。

上级人民法院可以指定杭州互联网法院管辖其他涉互联网民事、行政案件。

（三）北京互联网法院的管辖范围

2018 年 9 月 9 日，北京市高级人民法院出台《北京市高级人民法院关于北京互联网法院案件管辖的规定》，该规定中的第一条、第二条和第三条明确了北京互联网法院的管辖范围。

第一条 北京互联网法院集中管辖北京市的辖区内应当由基层人民法院受理的下列第一审案件：

1. 通过电子商务平台签订或者履行网络购物合同而产生的纠纷；

2. 签订、履行行为均在互联网上完成的网络服务合同纠纷；

3. 签订、履行行为均在互联网上完成的金融借款合同纠纷、小额借款合同纠纷；

4. 在互联网上首次发表作品的著作权或者邻接权权属纠纷；

5. 在互联网上侵害在线发表或者传播作品的著作权或者邻接权而产生的纠纷；

6. 互联网域名权属、侵权及合同纠纷；

7. 在互联网上侵害他人人身权、财产权等民事权益而产生的纠纷；

8. 通过电子商务平台购买的产品，因存在产品缺陷，侵害他人人身权、财产权益而产生的产品责任纠纷；

9. 检察机关提起的互联网公益诉讼案件；

10. 因行政机关作出互联网信息服务管理、互联网商品交易及有关服务管理等行政行为而产生的行政纠纷；

11. 北京市高级人民法院指定管辖的其他互联网民事、行政案件。

第二条 在本规定第一条确定的合同及其他财产权益纠纷范围内，与争议有实际联系的地点在北京市的，当事人可以依法协议约定纠纷由北京互联网法院管辖。

电子商务经营者、网络服务提供商等采取格式条款形式与用户订立管辖协议的，应当符合法律及司法解释关于格式条款的规定。

第三条　北京互联网法院依照《中华人民共和国民事诉讼法》《中华人民共和国行政诉讼法》的规定受理申请再审审查案件、再审案件、执行案件。

（四）广州互联网法院的管辖范围

2018 年 9 月 27 日，广东省高级人民法院正式发布《关于广州互联网法院案件管辖的规定》。

根据该规定，从 2018 年 9 月 28 日起，广州互联网法院将集中管辖广州市辖区内应当由基层人民法院受理的十一类一审案件。具体为：通过电子商务平台签订或者履行网络购物合同而产生的纠纷；签订、履行行为均在互联网上完成的网络服务合同纠纷；签订、履行行为均在互联网上完成的金融借款合同纠纷、小额借款合同纠纷；在互联网上首次发表作品的著作权或者邻接权权属纠纷；在互联网上侵害在线发表或者传播作品的著作权或者邻接权而产生的纠纷；互联网域名权属、侵权及合同纠纷；在互联网上侵害他人人身权、财产权等民事权益而产生的纠纷；通过电子商务平台购买的产品，因存在产品缺陷，侵害他人人身权、财产权益而产生的产品责任纠纷；检察机关提起的互联网公益诉讼案件；因行政机关作出互联网信息服务管理、互联网商品交易及有关服务管理等行政行为而产生的行政纠纷；上级法院指定管辖的其他互联网民事、行政案件。

第二节　网络仲裁与电子数据鉴定

一、网络仲裁兴起

（一）网络仲裁兴起的背景

网络仲裁的兴起得益于因特网在全球范围内的普及与运用，互联网和电子计算机信息技术的发展为网络仲裁的兴起和发展提供了坚实的技术基础，也为网络仲裁营造了良好的网络氛围，为网络仲裁发展提供契机。

网络仲裁的兴起还离不开电子商务的迅猛发展以及电子商务纠纷数量的增多。网上仲裁是在电子商务的发展浪潮中，随着网上争议的激增，为适应有效地解决网上争议的需要而产生的。网络无国界，互联网是一个全球性、开放性的体系，是一个虚拟空间，独立于任何一个国家的管辖边界而存在。网上争议给传统的法院诉讼带来了极大的挑战，使人们不得不考虑传统管辖权基础和法律适用原则对网上争议案件的可适用性。同时，法院系统没有专门的知识和资源用来处理涉及大量令人苦恼的问题的众多网上争议，而且法院诉讼耗时长，费用高等缺点也是阻止当事人将网上争议提交法院的因素。

传统仲裁虽然在解决争议中具有一些诉讼根本不可能有的弹性，但是其制度化趋势却越来越明显，机构仲裁特别是国际常设仲裁机构的仲裁越来越具有诉讼的一些弊端，如耗时长、费用高等，被有些学者称为是诉讼阴影下的仲裁，这也不可避免地成为网上争议当事人在考虑选择用传统仲裁来解决争议的顾虑。

人们在网上进行商务活动，也期望能在网上解决争议，网络本身在为人们提供交易手段的同时，也为人们提供了解决争议的媒介。网上争议解决方式（online dispute resolution，ODR）应运而生，在网络上进行仲裁也由设想进入了实践。

（二）网络仲裁的定义

网络仲裁是新兴的一种解决网络纠纷的仲裁方式，目前国际上对网络仲裁的定义及其具体的适用范围都未作出明确的规定。国内学术界对网络仲裁的概念界定也有不同的意见，已有的界定方式中较为典型的意见有三种：

第一种是仲裁程序的全部过程每个环节都必须严格遵循网络仲裁的线上特性。比如，有学者提出，网络仲裁意味着当事人向仲裁庭提出仲裁申请（包括仲裁协议的订立），以及所有的仲裁程序（案件审理、裁决的做出等）都通过电子邮件、交谈组、视频或音频会议等线上系统来进行。这是对网络仲裁严格意义上的界定，但是过于强调形式，在网络仲裁发展的初级阶段，目前网络信息技术发展恐怕不足以支撑这样的要求，当事人也未必能完全接受和适应。

第二种是网络仲裁是指在一个封闭的网络系统，该系统由一个网上争议解决服务提供者来维护，当事人通过密码和用户身份卡登录安全链接进行访问并使用该系统。此种界定方式指向所有使用某一网络仲裁系统或软件的仲裁行为。

第三种是网络仲裁就是使用网络交流方式的仲裁，只要仲裁程序的某一环节使用了网络媒介，就属于网络仲裁。这是对网络仲裁最宽泛的界定。比如有学者认为，网络仲裁是指利用现代电子传输技术以及互联网络进行信息交流和相互沟通的仲裁方式。

现实中，所有仲裁程序均在网上进行的情况并不多见，大部分网络仲裁机构都采用“混合程序”，主要程序在网上进行，部分程序可以采用传统的方式进行。结合上述几种界定方式，以及网络仲裁机构实践以及网络信息科技的发展情况，网络仲裁应当是指仲裁程序的全部或主要环节，包括但不限于仲裁申请的提交、开庭审理、提交证据、作出仲裁裁决等，是在互联网上进行的仲裁方式。

二、网络仲裁特点

网络仲裁与传统仲裁的本质区别在于实行方式的不同，结合当前网络仲裁的实践和理论的发展，总结网络仲裁具有以下几点特征：

1. 虚拟性。相对传统的仲裁庭，因特网是一个没有特定的空间和地址而仅由一个网络地址和一串密码构成的虚拟空间，在这空间里，争议当事人和仲裁院无须跨越距离的障碍，只需通过特定的软件，使相关的计算机进行联网即可达到交流的目的。通过这一虚拟环境所进行的网络仲裁的程序即为虚拟程序。

2. 具有较高的网络技术需求。网络仲裁中整个仲裁程序都是在网络环境中进行，例如证据的交换、信息的交流、裁决的作出等，要求技术软件有很强的稳定性和先进的信息处理功能。网络技术与仲裁员的相互协调与互动方式很大程度上决定了仲裁程序进行的方式。

3. 网络仲裁具有开放性。计算机网络本身没有特定的空间和地点，也没有国界和地域的限制，争议各方当事人、仲裁员和仲裁庭可以分别位于不同的国家和地区，他们可以通过适用特定的网络系统或软件，计算机联网，进而形成全球性的网络，使得人们无论何时何地都可以获得网络仲裁服务，任何组织或个人都不能对其实施非法干预。

4. 网络仲裁具有即时性。网络本身具有数据及时传送和接收的特点，使得人与人之间的沟通可以打破空间和地域的限制，而且随着计算机技术的进步和网络传输质量的不断提高，大流量的数据传输原有的延迟、中断等问题都可以逐步解决和避免，因此在网络仲裁过程中各种数据传输系统的运行甚至在某些情况下采取视频会议等即时网络交流方式的可以及时完成。而且这些案件的裁决一经生效也都能得到及时执行，大大提高了仲裁的效率。

5. 网络仲裁具有便利性。在传统仲裁中，当事人需要在指定的时间内到指定的地点参与开庭，在国际仲裁中，当事人还需要办理特定国家的入境签证，购买国际机票，预订旅馆房间等，耗费大量的时间和精力。同时还需要支出大量与开庭相关的费用，比如交通费、食宿费等。网络仲裁则不同，可以节省大量的时间和金钱，当事人、仲裁院以及仲裁机构之间的有关仲裁的各种文书、证据材料等都可以通过互联网以电子邮件的形式即时送达，双方当事人使用特定的软件和相关音像设备，在各自所在的地点，通过互联网参与开庭，不再受开庭地点的限制，仲裁员对仲裁案件的合议，仲裁裁决的作出，都可通过互联网进行，不必再集中到一个地点，大大提高了纠纷解决的便利性。

6. 网络仲裁具有一定的可诉性。传统的争议解决机制奉行或诉或裁制度，这意味着仲裁完全排除了当事人再向法院起诉的权利。一般情况下，网络仲裁也排除法院管辖权的效力。然而根据现有的一些机构实践，如 ICANN 的统一域名争议解决政策规定，当事人的网上争议解决程序不具排除法院管辖权的效力，即不禁止当事人在开始仲裁程序之后或作出裁决后另行向法院起诉，所以网络仲裁并不完全排除当事人向法院起诉，具有一定的可诉性。

7. 网络仲裁启动程序对当事人意思自治原则有所限制。在传统仲裁中，如果将争议提交仲裁解决，必须是出自当事人的自愿选择，而网络仲裁中并不一定如此。网络仲裁的启动程序中有些带有强制性，如 ICANN 所授权的几个域名争议解决机构在域名争议仲裁中就采用了强制性的程序。当然在仲裁程序启动后，就应当充分体现当事人的意思自治，这是现代商事仲裁制度的核心原则。

三、电子数据鉴定

电子数据鉴定是司法鉴定的一种，是提取、保全、检验分析电子数据证据的专门措施，也是审查和判断电子数据证据的专门措施。电子数据鉴定涉及的技术领域非常广泛，需要综合利用多种技术知识来解决实际问题，与之相关学科有计算机理论、计算机应用技术、信息安全、法学及刑事科学等。

具体而言，电子数据鉴定是指电子数据鉴定机构的鉴定人基于计算机科学原理和技术，接受当事人的委托，按照法律规定的程序，运用专业知识、仪器设备和技术方法，发现、固定、提取、分析、检验、记录和展示电子设备中存储的电子数据，找出与案件事实之间的客观联系，确定其证明力并提供鉴定意见的活动。电子数据鉴定的内容主要包括电子数据证据内容一致性的认定、对各类电子设备或存储介质所存储数据内容的认定、加密文件数据内容的认定、计算机程序功能或系统状况的认定、电子数据证据的真伪及形成过程的认定等。

电子数据鉴定过程通常包括证据保全、证据获取、数据恢复与证据分析。电子数据需要具备完整性、可靠性和不可抵赖性，因此需采取磁盘镜像、通过哈希校验或数字签名技术来保证电子数据的完整性和不可抵赖性。电子数据的获取，对于计算机磁盘、U 盘等存储介质，需通过磁盘镜像获取证据。电子数据鉴定前取证过程中被删除的数据、被格式化的分区是取证的重点，也是鉴定的重点。

依据电子数据的载体和来源，电子数据鉴定大体可以分两类：基于单机和设备的电子数据鉴定和基于网络的电子数据鉴定。基于单机和设备的电子数据鉴定是针对一台可能含有证据的非在线计算机电子设备进行证据获取，包括存储介质的证据保全、数据恢复、隐藏数据的再现、加密数据的解密和数据挖掘等。基于网络的电子数据鉴定则是指在网上跟踪行为人或者通过网络通信的数据信息资料获取证据，包括 IP 地址和 MAC 地址的获取和识别技术、身份认证技术、电子邮件的取证和鉴定技术、网络侦听和监视技术、数据过滤技术、漏洞扫描技术等。

电子数据鉴定主要用于完成以下任务：

1. 认定电子数据内容的统一性。电子数据在解决纠纷的使用过程中展示的内容，必须与原件的内容完全一致。

2. 对电子数据内容的生成、传递、存储和来源情况的认定，审查和判断电子数据取得是否具备合法性。

3. 对电子数据的真伪进行认定，审查和判断电子数据是否真实，以及真实的可靠性，即电子证据的真实度。

4. 认定电子数据与案件事实的因果关系及确定事实的程度，审查和判断电子数据与案件事实是否具备应有的关联性。

四、网络仲裁与电子数据鉴定联系

诉讼离不开证据，仲裁同样也离不开证据。目前，网上仲裁所处理的争议大多数是在线争议。在线争议的证据一般都是电子证据，电子数据是网络仲裁中使用最多的证据类型。因此，如何审查和判断电子数据是否适格、电子数据是否具备合法性、真实性和关联性，电子数据与待证案件事实之间的关系，都是网络仲裁中使用电子数据亟须解决的问题，而电子数据鉴定正是解决这些问题的关键。电子证据司法鉴定是网络仲裁解决涉网纠纷的关键环节。

对于电子数据，当事人可以直接通过在线仲裁机构的在线文件提交平台，将证据上传给仲裁机构，或以其他方式提交仲裁庭或仲裁机构。仲裁庭或仲裁机构收到电子数据之后，可以通过有关验证软件监测电子证据是否曾受到过篡改，也可以将证据交由当事人协商确定，或双方协商不成的情况下由其指定的机构或专家对证据进行鉴别、验证。双方当事人对证据有异议的，可以在线质证，在线质证是指当事人在在线仲裁过程中，对双方当事人或其他仲裁参与人提供的证据进行辨认、说明、质疑、质问和辩驳，以确认其证明力的一系列过程。

电子数据高效便捷易修改，是其优势，同时也是作为证据形式的最大劣势，易丢失、易篡改、易删除，导致电子数据真实性较难确认。因此电子数据取证成功与否，会直接影响电子数据的认证采信问题，也是网络仲裁过程中证据认定的关键环节。良好有效运行的电子数据取证平台，能够收集、保存并长期保存电子数据，随时固定证据，同时采取多种加密技术防止电子数据的篡改、丢失、删除，是网络仲裁顺利进行的前提。

网络仲裁因其具有虚拟性，当事人看不到纸质的证据材料，真实性往往会受到质疑，这也是影响纠纷当事人决定是否选择采取网络仲裁的重要因素。我国诉讼法对证据采用有严格的限制，在网络仲裁中书证、物证等经过数码摄像机拍摄，再到网络传送，这个过程中是否会出现伪造、变更、歪曲，或者意外破坏都难以保证证据的真实性。对这些证据，简单易辨的可以直接通过网络仲裁平台自身验证其真伪，也可以交由双方当事人协商确定，复杂、有风险、难以认定地通过电子数据鉴定，由第三方平台出具鉴定意见，可以确定这些证据的真实性及真实程度，进而保证仲裁程序的公正和仲裁裁决的效力。

综上所述，电子数据鉴定是网络仲裁的关键环节，也是网络仲裁机构公正高效裁决的重要保障。

第三节　云公证

一、云公证的定义

电子数据时代的到来，对传统公证业务也产生了冲击，同时也对公证提出了新需求，为以信息技术为依托的电子化网络化公证的产生和发展创造了条件。公证机构沿着公证电子化方向进行了诸多探索，提出了云公证概念。

目前，公证机构在云公证概念指导下，已经组建成了一些电子公证项目。比如，2010 年，杭州市西湖公证处首推全球一站式语音数据保全公证解决方案，提出“电子数据从云平台提取过程的公证”保全证据新模式。2012 年 4 月，北京市方圆公证处与北京国际版权交易中心合作的“智慧保险箱”正式面向社会推出，尝试探索电子公证在版权登记、流转领域中的新模式，这是将公证与网络数字化技术结合的出色范本，通过互联网为广大权利人提供高效便捷的版权作品公证服务。2012 年 8 月，上海市东方公证处自主研发基于云存储平台的电子证据保全平台“公证证据宝”。2013 年，厦门市鹭江公证处推出了“公证云”在线公证平台，致力于电子公证在取证维权领域的模式创新。2017 年 1 月，深圳仲裁委员会与深圳市公证处就共同打造“证据固化+云公证、网上裁判”智慧平台签署战略合作协议。2017年4月，南京公证处与江苏慧世联公司合作研发“公证电子合约服务”，致力于在物质化模式下使用信息技术进行电子合同签署。2017年5月，河南省郑州市黄河公证处微信公证服务平台正式开通，“微信 + 公证”模式使有需要的公民足不出户，就能申办出国留学、旅游、探亲、移民、定居等20多种涉外公证，且该平台24小时受理公证申请。

通过总结以上项目的特点和共性，来对“云公证”下定义。首先，云公证是依托于“云计算”技术而产生和发展的，“云计算”技术是云公正的基础。其次，云公证与传统公证不同，是将数据存储并保管在网络平台上，公证行为也在网络上进行。最后，云公证主要适用于电子数据的取证、存证和公证。整合以上特点，可以总结云公证的定义为：云公证是指公证机构根据当事人的申请，采用“云计算”模式，存储并保管网上数据，公证云平台针对电子邮件、网络聊天内容、语音短信、网络交易和版权维护等多中电子数据内容可进行有效取证、存证和公证。申请公证的用户通过公证云获取、传输与存储证据的全过程均建立在CA/PKI系统之上，从技术层面上保障了电子数据的原始性、完整性、隐蔽性以及安全性，提高电子证据的证明力。同时，“云公证”作为当事人之外的第三方中立平台，解决了用户自己取证并存储证据从而导致证据证明力低的问题。

二、云公证的适用范围

之前，电子取证主要局限在一些特殊的行业和部门，但近年来随着普通企业及用户对电子取证的需求不断上升以及相关技术的日益成熟，电子取证的应用正向普通民用市场拓展，电子取证与互联网内容安全市场空间日益广阔。从市场应用及需求看，电子数据公证云平台不仅能提供电子合同、数字签名、网络订单等内容的电子证据保全，它还能覆盖针对网络盗版、网络售假的知识产权保护、重要信息保管等诸多领域。

北京市方圆公证处与北京国际版权交易中心共同推出的数字版权电子公证平台——“智慧保险箱”，为权利人各种类型的数字版权作品提供存储、保全、证明等综合性服务，为日常工作、商业活动领域的作品归属、商业秘密、作品版权交易、作品版权登记等涉及的作品确权提供具有法律效力的电子证据。

上海市东方公证处自主研发、自主管理的基于云存储平台的电子证据保全平台——“公证证据宝”对外提供服务，此种公证的“云服务”囊括了网页截取、微博内容、邮件代理、网络支付、聊天记录等多方面的存证功能，除此之外，还陆续推出针对电子签名使用人的网上公证申办平台、电子签章备案、电子签名时间戳保全、公证申请人诚信档案、电子公证数据库等多项应用，并与数字证书认证中心合作，推进公证数据库与征信系统对接，使公证进入社会诚信体系建设中。

厦门市鹭江公证处与厦门大学共同组建的厦门大学公证法律与信息化研究中心，开发了“公证云”在线公证平台，平台一期提供了实时电话录音、网页截取、场景录音、手机拍照、知识产权保护、屏幕录像等工具，可以实现电话通话录音、互联网页面固定、手机实景拍照保全、知识产权预先确认、互联网交易保全、即时通信保全等功能，并可以在线申请出具纸质公证书。

《中华人民共和国公证法》第十一条规定了公证的适用范围，“根据自然人、法人或者其他组织的申请，公证机构办理下列公证事项：

（一）合同；

（二）继承；

（三）委托、声明、赠予、遗嘱；

（四）财产分割；

（五）招标投标、拍卖；

（六）婚姻状况、亲属关系、收养关系；

（七）出生、生存、死亡、身份、经历、学历、学位、职务、职称、有无违法犯罪记录；

（八）公司章程；

（九）保全证据；

（十）文书上的签名、印鉴、日期，文书的副本、影印本与原本相符；

（十一）自然人、法人或者其他组织自愿申请办理的其他公证事项。

法律、行政法规规定应当公证的事项，有关自然人、法人或者其他组织应当向公证机构申请办理公证。”

《中华人民共和国电子签名法》第三条规定了电子签名不能适用的范围，

"民事活动中的合同或者其他文件、单证等文书，当事人可以约定使用或者不使用电子签名、数据电文。

当事人约定使用电子签名、数据电文的文书，不得仅因为其采用电子签名、数据电文的形式而否定其法律效力。

前款规定不适用下列文书：

（一）涉及婚姻、收养、继承等人身关系的；

（二）涉及土地、房屋等不动产权益转让的；

（三）涉及停止供水、供热、供气、供电等公用事业服务的；

（四）法律、行政法规规定的不适用电子文书的其他情形。"

云公证往往跟随法律关系成立、变更、消灭的整个过程，为整个过程在线保留痕迹，因此往往也需要当事人进行在线身份审核，在线进行电子签名，因此云公证离不开电子签名、电子印章和电子时间戳等电子身份识别。结合《公证法》和《电子签名法》，以及云公证的特性，云公证不能适用于以下文书的在线签订、送达、变更等：涉及婚姻、收养、继承等人身关系的文书、涉及土地、房屋等不动产权益转让的文书、涉及停止供水、供热、供气、供电等公用事业服务的文书、法律、行政法规规定的不适用电子文书的情形。总结上述几个项目的服务范围可以看出云公证主要适用于电子合同、电子邮件、社交工具聊天记录等电子数据以及知识产权的存储、取证和公证。

三、云公证法律效力

我国当前关于公证业务的主要规范为《中华人民共和国公证法》（以下简称《公证法》）《公证程序规则》以及其他具体的管理办法与实施细则。2005年8月28日，《公证法》颁布，第一次以法律形式明确了公证职责范围，确认了公证的证据效力、强制执行效力和法律行为要件效力，逐步形成了以公证法为核心的中国特色社会主义公证制度。其中，《公证法》对公证进行了如下定义，即"公证机构根据自然人、法人或者其他组织的申请，依照法定程序对民事法律行为、有法律意义的事实和文书的真实性、合法性予以证明的活动"。从定义上分析，《公证法》并没有限制公证行为采取的具体方法，《公证程序规则》等具体规则也没有肯定或否定云公证行为的效力。《公证法》和《公证程序规则》主要就公证事项、公证事务以及相关程序求进行了规范。

2012 年修订的《民事诉讼法》和《刑事诉讼法》明确了电子数据作为单独的证据类型，赋予了电子数据独立证据的法律地位。2012 年 1 月，中国公证协会制定了《办理保全互联网电子证据公证的指导意见》，厘清了互联网电子证据公证中的诸多实践问题，为涉及互联网的电子证据保全证据公证的开展提出了行业指导性意见，但该意见中规范的是依托移动硬盘、存储卡、U 盘光盘、录音机、录像机、照相机、手机等移动存储介质，并非云平台，与云公证有一定的区别，但是证据本质上是相同的，只是载体不同而已。

云公证出具的是电子化公证文书，其从形式上看是一种与电子数据、电子签名、电子证明、电子介质和电子证据等紧密相关、无纸化的公证，是公证的电子化机制。国际上已经普遍承认电子签名的法律效力，我国的《电子签名法》也已承认法律规定适用范围内的使用电子签名的文书的法律效力，国内现行法律法规也对电子数据的固定、提取和保全进行了规范，电子化的公证文书自然也应视为是被我国法律允许。

如果把云公证视为一项新型的公证事项，可以归入《公证法》第十一条第十一项，“自然人、法人或者其他组织自愿申请办理的其他公证事项”；如果把云公证视为一种公证事务，可以归入《公证法》第十二条第三项，“保管遗嘱、遗产或者其他与公证有关的财产、物品、文书”。上述两条法律规定可以被用来当作是公证机构和公证员进行云公证的法律依据，即云公证是当事人申请的一种其他公证事项或者运用云技术存储保管电子文书的一种电子数据报关业务。

从我国现阶段的公证业务实践来看，大多数申请人通过公证云平台进行云公证业务是为了预先固定和提取证据的目的，因此开展云公证业务可以适用《公证法》第十一条第九项“保全证据”的规定。

四、云公证操作模式

北京市方圆公证处与北京国际版权交易中心共同推出的“智慧保险箱”，是由北京国际版权交易中心提供存储用户作品的专用服务器，并为公证机构提供包括专属登录权限、登录途径设置；公证机构提供存储用户作品的备份服务器。用户将用户信息与作品数据提交到北京国际版权交易中心“智慧保险箱”服务器上，“智慧保险箱”再将用户信息、作品数据推送到公证机构服务器上备份。公证机构对北京国际版权交易中心服务器推送过来的用户信息、作品数据进行核对、审查。公证机构通过保全证据公证证明“智慧保险箱”提供的时间节点客观、真实、有效，从而为证明著作权人在先权利取得原始证据，维护著作权人的合法权益。服务涵盖用户登记、用户上传、用户浏览、用户下载等环节，其中记录的作品上传时间从国家授时中心生产的时频设备获取，与国家授时中心时间保持一致，便于日后权利人开展维权。北京市方圆公证处即是对“智慧保险箱”产品中用户上传、下载用户信息和作品数据进行公证，而这种公证仅适合通过电子化的方式进行。

上海市东方公证处自主研发的电子证据保全平台——“公证证据宝”，其原理是用户通过注册和手机动态验证码登录“公证证据宝”平台，点击“开始取证”后即可正常登录QQ、MSN等聊天工具进行聊天，或者是收发邮件、浏览网页、观看视频、进行网购、发布微博，与此同时，系统会在远程服务器自动记录下用户的操作行为及显示器上的内容变化，并作为视频文件保存在远程服务器中，必要时可以向公证机构提取相关证据。

上海市卢湾公证处与上海数字证书认证中心合作，可以向公证当事人制发经过公证和数字证书（电子签名）双重验证的“网络身份证”，“网络身份证”的持有者可以非常自由便捷地在自己的网络作品或电子邮件中加注电子签名，所有电子签名的使用记录将以“时间戳”的方式返回并保存于公证机构的服务器中；公证机构也将广泛吸纳各方资源，陆续推出针对电子签名使用人的网上公证申办平台、电子签章备案、电子签名时间戳保全、公证申请人诚信档案、电子公证数据库等多项应用，并继续与数字证书认证中心合作，推进公证数据库与征信系统等对接，使公证真正进入社会诚信体系建设中。

厦门市鹭江公证处的“公证云”在线公证平台，开创了公证机构介入电子数据公证业务新模式，该模式一方面将证据从固定、存储、保管、证明作为一个有机、不可或缺的过程，置于公证机构的监督下进行，从法律上确保证据的真实性与公证程序的严密性；另一方面在公证服务模式上，创造了电子数据保管的业务模式，即不是以传统的电子数据保全证明模式，而是将用户固定证据作为公证程序的开始，在证据提交保管时，公证机构为每一份证据出具一份电子公证书，从法律上予以每一份证据唯一的“出生证”，对该证据给予公证。公证机构后续出具纸质公证书仅仅是因当事人的需要而进行的，是公证服务的一个可能结果，而不是公证服务的目的。这一做法完全有别于公证机构传统的证据保全服务模式，也完全不同于个别公证机构所开展的电子数据提取证据保全公证，而是将公证延伸到证据的全程。

云公证的操作模式可以总结为以下几点：

首先，公证机构须有专用服务器，即云平台，用以随时识别、存储和保管公证当事人的用户身份信息和公证内容。

其次，公证机构的专用服务器与公证当事人需公证内容的对接有两种模式，一种是公证机构的服务器通过用户登录和授权，可以直接记录和保管用户的上传、下载、浏览等网络行为；另一种是公证机构通过登录第三方法定机构的服务器，对用户身份信息和公证内容进行备份。

最后，公证机构的云平台，不仅能够实时存储和取证用户的网络行为，随时固定证据，还能够为公证当事人出具“网络身份证”——身份审核和认证，云公证服务覆盖电子数据证据的全程。

云公证发展趋势（区别于传统公证的优势/特点 + 发展趋势）

在当代社会，网络信息技术迅速发展，网络和手机应用铺天盖地，几乎囊括人们生活的方方面面，使得人们借助电子媒介脱离了实体约束，跳出时间、空间的限制，社会关系呈现出主体同质化、客体数据化、语言符号化、行为抽象化的新特征。社会的发展使得证据理念即时更新，法律规范不断调整和修订，法律服务也与时俱进。“就司法证明方法的历史而言，人类曾经从‘神证’时代走入‘人证’时代；又从‘人证’时代走入‘物证’时代，也许，我们即将走入另一个司法证明时代，即电子证据时代。”新修订的《民事诉讼法》和《刑事诉讼法》都新增加了“电子数据”的证据种类，但电子数据的识别认定与传统证据不同，这就要求在涉及电子证据内容的保护领域中，法律服务要技术化、专业化、精细化，能够准确反映原始数据，可以随时调取查用且安全可靠，而云公证服务恰恰具有这种天然的独特优势。

与传统公证相比，公证云平台的优势之一就是可以随时进行证据固定，一旦发现歪曲事实的信息，当事人可以马上通过公证云平台对网上消息、微博等各种电子数据进行证据保全取证，即使以后网上的电子数据被删除也无法抹去在公证云平台上所记录下的违法痕迹。当用户需要针对存证的电子数据进行公证时，公证云合作机构当地的公证处可以随时出具公证书，以增强电子证据的法律效力。

云公证的另一大优势就是便捷、高效、安全、低成本。云公证平台运用网络技术，使得公证申请人的申请不受工作时间和地域范围的限制，只要登录互联网即可对各种电子数据进行公证。整体使用流程简单易用，简单案件价格低廉，近乎公益。云公证平台采用不可逆的加密运算法或其他高级加密技术，对平台用户上传的数据进行多重加密，对所有数据植入唯一识别码，确保信息安全。因此，通过这一平台，用户可以足不出户、便捷、高效、安全、低成本地对语音、电子数据进行固定并交由公证机构保管，必要时，更可以随时便捷地向公证机构提出公证申请，由公证机构出具纸质公证书，对证据的生成及存储给予证明。

云公证还具有扩展性。云公证平台不仅可以为一家公证机构开展电子数据公证业务而涉及，通过平台的直接扩展，公证机构均可以开设自己的电子数据公证平台，快速介入电子数据领域。

经过近些年的发展，云公证领域已经取得了不错的成就，未来的云公证平台发展要加强与信息服务平台、第三方电子商务平台、互联网金融平台、知识产权交易平台进行对接，为平台的信息保护、交易安全等保驾护航，也要加强平台技术的升级与建设，提高保密技术，确保公证信息安全。

第四节　证据链与电子数据全生命周期

一、电子数据

电子数据是随着现代化信息技术发展而出现的新事物，其本身是一个技术术语，是指基于计算机应用、通信和现代管理技术等电子化技术手段形成包括文字、图形符号、数字、字母等的客观资料。电子数据作为专业术语在法律中出现较晚，目前对电子数据的内涵和外延还没有明确的规定。

对于电子数据类证据，学术和立法上曾使用过电子证据、电子记录、数字证据、计算机数据、网络证据、数据电文等多种概念。这些概念或是从某一侧面反映了电子数据类证据的特征，或是对某一类电子数据类证据的统称，其中电子证据被认为是电子数据的同义语。电子记录侧重于证据的物质载体和表现形式。数字证据概念强调证据表现为二进制信号组成的一串符号序列，通过字符序列所蕴含的信息来反映事实。计算机数据则着眼于电子数据在计算机或类似设备记录或存储。网络证据则着眼于电子数据所生成于网络环境这一特点。数据电文强调证据的可感知形态为文字形态。大部分学者把电子证据和电子数据混用，将两者等同。本书也暂不对电子数据和电子证据进行区分。

从逻辑学的角度来讲，电子数据概念的内涵应当是电子数据所反映的客观事物本质属性的总和；电子数据概念的外延是指具有电子数据内涵的客观事物的总和。逻辑学无法明确回答电子数据的内涵和外延到底是什么，但是电子数据研究首先要解决的问题就是明确电子数据的概念。如果不能掌握电子数据概念的内涵和外延，我们就不能正确制定电子数据的规则、原则，电子数据的可采纳性、证明力、归类及其审查判断等方面的研究也难以做到有的放矢。

首先，电子数据的产生、存储、传播、发送和接收都离不开计算机技术、存储技术、网络技术的支持。其次，经过现代化的计算工具和信息处理设备的加工，信息经历了数字化的过程，转换为二进制的机器语言，实现了数据电子化。“电磁记录物”“数码信息”“计算机存储的材料”等用语实际上正说明了电子数据的独特存在形式。最后，电子数据是能够证明一定案件事实的证据，这是其作为诉讼证据的必要条件，因此，不能把保存在计算机及其外围设备中的数据都看成是电子证据。电子数据的研究在司法和计算机科学等领域还是一个新课题，因此对电子数据的概念一时难有定论。最高人民法院、最高人民检察院和公安部发布的《关于办理刑事案件收集提取和审查判断电子数据若干问题的规定》中对电子数据进行了定义，采用“概念＋列举＋排除”的方式，第一条第一款规定是对电子数据的概括，“电子数据是案件发生过程中形成的，以数字化形式存储、处理、传输的，能够证明案件事实的数据。”该规定是目前较符合上述三点共识的概括定义。

旧的《刑事诉讼法》和《民事诉讼法》中只规定了视听资料，电子数据是新《刑事诉讼法》和《民事诉讼法》后续增加的，并将电子数据与视听资料同列为第八种证据种类。导致一部分人会将电子数据和视听资料混淆，但是电子数据与视听资料是两种不同的证据类型，应当予以区分。二者有一定的共同点，比如都依赖一定的载体存在并借助一定的技术手段才能再现。但二者有很大的不同，视听资料偏重于以录音、录像等大多采取传统电子技术和模拟信号方式存在、传输，如在现代通信技术应用中形成的电报电文、电话录音、传真资料、手机短信等和电视电影技术应用中的影视胶片、VCD、DVD、光盘资料等音像材料。而电子数据则侧重于应用“0”和“1”通过二进制的数字化处理产生一种脉冲信号，如以计算机技术应用为基础的数据库、数字处理文件、图形处理文件、程序文件等和在网络技术应用中的电子邮件、电子数据交换、电子资金划拨、电子聊天记录、电子公告牌记录、电子签名、博客等。

二、证据链

（一）证据链的概念

证据本身，即便是单一证据，也是与被证案件具有某种联系。但这种联系是否能直接地予以表明，还是必须加以其他证据的参与才能够予以清楚地表明。在必须引入其他事物共同对被证事实予以表明某种联系的时候，就产生了“证据链”这一概念。在司法实践中，当事人和法官在调查取证、互相质证的过程中，经常会提及和使用“证据链”这一词汇，但同时对于什么是“证据链”、其根本含义是什么，具有哪些特征却少有正式的规定或解释。

对证据链的概念，有人提出，“证据链就是由证据所组成的、环环相扣的、用于证明案件事实的链条。”也有人认为，“所谓证据链是指由两个或两个以上不同的证据链节（或证据）所组成的、通过链头的相互联结形成的联合点以及链头与链体的客观联系，内容能得到相互印证并体现或提高证据的证明力，用以证明案件事实的证据集合体。”也有人认为，“证据链应当是指：在证据与被证事实之间建立连接关系，相互间依次传递相关的联系的若干证据的组合。”上述三种关于证据链的概念表述都明确了证据链的基本属性，揭示了证据印证与案件事实证明的一致关系。证据链的基本结构、模式也一目了然。

在基本结构方面，证据链主要是由以证据形式存在的链节和联结点组成。

其中作为链节的证据就是我国刑事诉讼法、民事诉讼法、行政诉讼法规定的几种证据形式之一，联结点就是案件中作为证据链节表现形式的证据与证据之间相互印证的事实片段，即链节与链节的交叉。证据链除链节、联结点两个要素外，还包括分链条和支链条等基本概念和要素。其中分链条是指案件中相互独立的链条，如侵权行为的证据链就是整个证据链中的一个分链条。

证据链作为一个特殊的事物，有下列重要的特征：

第一，证据链具有逻辑性。证据链的逻辑性表现为证据链的各个链节之间存在必然的、内在的联系，且可以相互印证。证据链的建立通常不是一种并列或者横向的证明关系，平行性的证据罗列只能是证据的堆积，这样虽然在某些案件的审理当中也能起到相当重要的作用，但是这些证据的罗列只是一种证据的加强，而不是存在有内在的链接证明关系。在证据链的分析中，各个证据或链节之间通常是一种递进的渐进证明关系。证据一证明了证据二的客观存在以及与其的特定关系，证据二则进一步证明了证据三的客观存在以及与其之间的特定关系，依此类推，最终证明了被证事实的存在。在一个证据链的形成过程中，不能完全排除其中某一个单证与被证事实的直接联系，也不能完全排除某一个单证跳跃性地与其他某一个单证存在联系，但是就某一证据链而言，各证据间的这种递进的、逐步传递联系以证明被证事实的关系是证据链的主要特征，逻辑性是证据链最基本的特征。证据之间的链接强度是证据链的一项核心指标，它直接决定着证明力的大小。

第二，证据链具有顺序性。证据链的顺序性表现为证据链的各个证据或链节在时间上存在先后顺序。通常情况下，原始证据先于传来证据，直接证据先于间接证据。目击证人所看到的情景应当是在目击之前就已存在，或者已存在呈现的可能性。对于目击证人到达现场之前或离开现场后所发生的情况，证人无疑不具备“目击”的可能，其证言的相应内容只能属于传来证据。同样，复印件的存在就意味着有原件。鉴定结果都是在对先前发生的事实或事物所处的状态进行分析、判断后得出的，它的主要依据只能是原始的文书、病历或其他原始资料。

第三，证据链具有唯一性。证据链的唯一性主要表现为两个方面：证据链的各个链节所证明的内容是唯一的；由各链节所形成具有证明作用的证据链也应是唯一的。实际上，如果真有“数条”证据链都存在的情形，那也是由于人为的分割或组合。由于它们不能各自独立存在，在逻辑上又不允许同时存在，因而最终都可以整合成一条证据链，其整合的结果是使链条更加完整，更加充实。

第四，证据链具有闭合性。在采用证据链的方式对被证事实进行证实的时候，证据链当中的每个证据应当具有较强的单一指向性，即闭合性，各个单证都在起到承上启下的作用，而不是同时还具有其他的可能。否则，这条证据链的建立是难以用作断案的依据的。此外，在使用证据链进行证明的时候，各个证据的“三性——合法性、关联性、客观性”皆需要单独予以审查核实，特别是单证的来源合法性要注意核实，只要有一个单证的某一性没有得到确认，整个证据链就无法形成。

（二）证据链的原则和要求

运用证据链是法官法律思维中朴素而理性的裁判经验，也是法官运用证据裁判案件的重要路径。在审判过程中，证据链始终引导着法官的思维进路并贯穿其中。而且从某种角度而言，对案件事实的分析和论证，正是证据链的建立和形成过程。

证据链不同于一般单证，在其运用过程中，应当遵循一定的原则和要求：

首先，证据链中的各个证据必须适格。所谓适格就是要求证据必须在法律上可作为定案根据的资格和条件，具有可采性。依据我国法律的相关规定，证据的适格要求证据必须同时具备客观性、关联性和合法性。客观性要求证据必须是真实客观存在的。关联性要求证据必须与案件事实具有关联性。证据必须同案件事实存在某种联系，并因此对证明案情具有实际意义。合法性要求证据没有法律所禁止的情形，证据形式和取证方式都必须合乎法律规定。

其次，证据链应具备完整性。从形式上看，证据链应该符合待证事实各要素全面证明的要求，对待证事实中所包含的时间、地点、人物、原因、行为、手段、结果等要素都应有相应种类的证据加以证明，可以是书证，也可以是物证，或者是勘验笔录、鉴定结论等。从内容上看，证据链所证明的内容，应该符合法律对待证事实的构成要件的要求。从逻辑证明的要求来看，证据链中证据的运用应当合乎逻辑地证明待证事实，应当具有充分的说服力。证据之间具有内在联系。

最后，证据链的适用应当符合一定的条件。证据链只能在多个证据存在的条件下适用，证据链不是单一的，而是多层的。事实由无数个片段组合而成，证明事实的证据链也是由多层证据组合的。证据链在单一证据不能直接证明被证事实的情况下适用，单一证据能够直接证明被证事实的，其他证据是证据的加强，不是证据链。

（三）证据链的应用

证据是事实的理由，证据链是证据的理由，或称理由的理由，他决定着司法证明的逻辑命脉。因此，在司法实践中，几乎每个案件的审理都不同程度地运用了证据链对被证事实进行证实。证据链在司法实践中的应用可以分为以下几种：

第一，证据链能够证明案件的证明对象。这是证据链最基本的应用，证明案件事实，为法官依法断案提供事实依据，为“三段论”提供小前提。在刑事诉讼中，法官断案要求事实清楚，证据确实充分，运用证据链证明案件事实更为重要。证据链中的证据能够相互印证，排除合理怀疑。证据之间相互印证是指在运用证据查明案件事实的过程中，为了判断证据的真伪以及证明力的大小，将某一证据与案件其他证据进行比对、检验，考察证据之间的协调性、一致性，进而证明案件事实。无论是控诉方提供的控诉证据还是辩护方提供的辩护证据，法官在采纳某一证据以及根据全案证据认定案件事实时，必须注重证据之间的相互印证，证据必须得到与其含有相同信息的其他证据的印证性支持，全案证据之间不能有矛盾，应一致性地证明案件事实。

第二，证据链能够帮助克服证据清单的弊端，通过可视化推进证据分类。虽然证据清单的罗列是证据展示的必要方法，但却不是证明案件事实的充分条件，证据清单的简单罗列无法呈现证据之间的组织关系，也难以表明事实认定的内在结构与逻辑轨迹。证据链将证据呈现形式从“罗列”升级到“串并联”。在很多情形下，案件争议焦点在于事实的认定，而事实认定的争议焦点则在于是否具有“完整的证据链”。展示证据之间串并联关系的“完整链条”是分析证据与事实的核心载体。司法证明的科学发展，裁判文书说理质量的提升要求证据展示的升级，证据链的展示方式符合要求。正是通过所有证据之间的纵横交织、交叉组织，我们才能获得真相本身。

第三，证据链是事实认定的生命线。证据链是理由的理由，证据链是串联证据理由、认定事实的生命主线。司法证明科学化的具体展开必须依托于可操作性的"实践线路"支撑，当法庭质证后的证据趋于守恒时，如何安排证据间的关系进而设计证明的合理结构将成为决定事实"成败"的关键，因此，裁判者需要手握操作事实论证内在逻辑的工具，此时，证据链就是最好的抓手。同时，证据链是面对复杂、消灭分歧的最佳手段。如果仅进行清单列表，那么得出的任一事实结论均无法证实也无法证伪，没有轨迹的证明等于没有证明。证据链还可以帮助法官形成案件认定上的思维方式与分析方法。证据链可以书写法官的心证历程与思考路径，并将裁判上的合理化与问题性充分暴露在法官自己面前，辅助其厘清裁判的幅度与限度。

（四）证据链的相关规定

我国《刑事诉讼法》《民事诉讼法》和《行政诉讼法》中都没有明确规定证明裁判原则，也未明确规定"证据链"。但《刑事诉讼法》第五十五条规定"对一切案件的判处都要重证据，重调查研究，不轻信口供"，体现了证据裁判原则的要求。"证据确实、充分"的证明标准要求，"综合全案证据，对所认定事实已排除合理怀疑"，该项要求意味着全案证据之间必须形成一个不相矛盾、能够相互印证且能够证明案件事实的证据链，从侧面提出对证据链的司法需求。

最高人民法院发布的《关于适用〈中华人民共和国刑事诉讼法〉的解释》第一百零五条对其中的"综合全案证据"作了更为精准的解释："全案证据已经形成完整的证明体系。"如何"形成完整的证明体系"就成为衡量证据是否确实充分、判定事实是否清楚的核心指标。2015 年 6 月 15 日，最高人民检察院发布的《最高人民检察院关于加强出庭公诉工作的意见》进一步明确指出检察机关出庭公诉需要"引导侦查机关（部门）完善证明链条和证明体系"。证明链条成为决定证明体系是否完整的关键路径。从 2014 年起，最高人民法院发布的一系列指导性案例或典型案例中先后 7 次提及"证据链"或"完整的证据链"。

法律层面上首次明确规定"证据链"是在 2018 年 3 月 20 日发布并实施的《中华人民共和国监察法》中，其第四十条规定："检察机关对职务违法和职务犯罪案件，应当进行调查，收集被调查人有无违法犯罪以及情节轻重的证据，查明违法犯罪事实，形成相互印证、完整稳定的证据链。"首次明确指出检察机关对犯罪事实的查明，应当形成相互印证、完整稳定的证据链。

此后，最高人民法院于2018年6月1日发布《最高人民法院关于加强和规范裁判文书释法说理的指导意见》第十四条规定："为便于释法说理，裁判文书可以选择采用下列适当的表达方式：……证据过多的，采用附录的方式呈现构成证据链的全案证据或证据目录；采用其他附件方式。"其明确指出法院的裁判文书可采用附录的形式呈现构成证据链的全案证据或证据目录。

法律及司法解释对证据链的明确规定，更说明证据链在司法活动中的重要性，而证据链的运用同时也需要进一步规范，需要法律法规的进一步完善。

三、全生命周期

电子数据的全生命周期管理，围绕电子数据生成、发展变化、传输、存储、处理、销毁的全过程，对日常办公的文档、CAD图纸、音频、视频添加唯一的、不可分离的身份认证标识，对这些文档的内容进行加密存储，记录用户对文件的操作行为，可实现电子文件全生命周期的可控、可查、可溯、可审。同时电子数据的全生命周期管理从电子标签、透明加密、操作行为监控、数据标密、数据交换等方面解决了电子文档无身份认证的问题、敏感电子数据明文存储的问题、对电子文档操作行为追溯的问题、包含敏感信息的电子文档在不同单位内流转等问题。全生命周期管理，可以解决电子数据的真实性、合法性、完整性及关联性问题，让每一个电子数据都有理可证，有据可循。

电子数据全生命周期管理，可以覆盖电子数据从产生到消亡的全生命周期过程，围绕数据生成、发展变化、传输、存储、处理、销毁等全生命周期的每一个环节，实现数据的全过程受控，确保数据安全。全生命周期管理覆盖用户所有数据资产中的全部数据类型，对需要保护的各类数据，包括结构化及非结构化数据；结果数据、过程数据及临时数据等进行全面的管理和监控。电子数据的全生命周期管理还可以实现自动化、实时、不知不觉中完成安控预警，全生命周期保护可以全程实时监控电子数据的安全，能够在电子数据出现安全问题时即时发现并纠正。

部分电子数据全生命周期保护系统，可以不改变用户现有的操作习惯，为用户提供灵活、方便、丰富的体验，便于在具体工作中推广和实施。

电子数据的全生命周期保护系统可以与各地司法鉴定中心合作，共同打造更全面的解决方案。在事前，全生命周期保护系统对整个场景中的业务数据进行风险评估，确认系统中的关键数据的证据效力，提出针对性改进建议。在事中，司法鉴定中心对业务中产生的关键数据进行鉴证，实时固定证据，确保数据的真实性、完整性，并在诉讼或纠纷产生后，快速提供解决方案。而事后，会根据事前对信息系统的评估以及事中实时的鉴证结果，鉴定中心可出具最明确的鉴定结论，全方位的保证电子数据的客观真实。电子数据全生命周期保护系统与司法鉴定中心的协作，可以对化解实践中取证手段有限、证据效力不高、出证不够便捷等困扰已久问题能起到行之有效的作用。

第六章　案例适用分析

第一节　电子数据案件适用概况

随着移动互联网的深度普及，以及电子证据规则的完善，有关电子数据适用的案件呈大幅增长趋势。以广州市南沙区人民法院为例，根据报道，南沙法院受理的商事案件数据显示，2016 年以来涉及互联网电子证据案件的数量和比例都有较大增长。2017 年该类案件数量相比 2016 年增长了 130%，2018 年上半年较 2017 年同期增长 50%。案件数量占比也由 2016 年的 5.44%，上升至 2018 年上半年的 15.68%。其中，合同纠纷中有 21% 的案件显示部分或者全部合同条款通过互联网商定，甚至部分案件出现微信聊天记录成为当事人证明自己主张的唯一证据。

此外，电子证据类型也更加多样，从一开始的电话录音、视频录像为主，变为现在的以聊天记录等的互联网电子数据证据为主。据南沙法院统计，在电子证据中，最主要的证据形式是涉微信证据，占所有涉电子证据案件数量的 65%，其次是电子邮件和短信，分别占 14%，支付宝和 QQ 共占约 7%。在涉及银行等金融机构的金融类纠纷中也出现了电子合同这一新的证据类型。

第二节　典型案例分析

电子数据应用如此之广，当双方发生民事纠纷时，保留在电子媒介中的相关信息，就可能成为重要的甚至是唯一的证据。据统计，在婚姻情感纠纷、劳资纠纷、商业纠纷、名誉侵权纠纷等诸多案件中，当事一方或双方提交电子数据作为证据的情形越来越多。

一、深圳某公司案

2016年9月，深圳某公司及其主管人员王某等4被告人涉嫌传播淫秽物品牟利一案，在北京市海淀区人民法院一审宣判。深圳某公司犯传播淫秽物品牟利罪，判处罚金1000万元；被告人某公司法定代表人CEO王某，犯传播淫秽物品牟利罪，判有期徒刑3年零6个月，罚金100万元。

虽然目前王某已经出狱，但围绕本案的种种争议并未结束。庭审中，辩方律师就对电子证据的关联性和真实性进行了质疑。这两点争议最终溯及的是，服务器和淫秽视频这两项关键证据的取证和保管两个环节。就取证环节而言，主要的指向在于证据的来源是否可靠、是否与某公司相关；就保管环节而言，主要的指向在于服务器有无被调包、淫秽视频是否被污染。这两个质疑点在法理上并不成立，我国证据法学者陈瑞华教授将之概括为证据“鉴真”，它有两点独立含义：“一是证明法庭上出示、宣读、播放的某一实物证据，与举证方‘所声称的那份实物证据’是一致的；二是证明法庭上所出示、宣读、播放的实物证据的内容，如实地记录了实物证据的本来面目，反映了实物证据的真实情况。”可见，证据“鉴真”内容所指涉的正是证据的保管和取证这两个环节。本案证据的核心争议，归根到底，就是电子证据的鉴真问题。

以鉴真的不同依据为标准，上述鉴真方法又可分为“独特特征的确认”与“监管链条的证明”两种。前者也称为“独特性确认”，是指当实物证据具有独一无二的特征，或者具有特殊的标记时，可以据此作出确定性的证明。独特特征，可以是证物本身所自带的，也可以是人为设置的。后者也称为“保管链条的证明”，是指从实物证据被提取到在庭上出示的期间内，要形成对持有、接触、处置、保管、检验的全监管链条。这就需要该证物的收集人员、运送人员、保管人员、检验人员等所有接触者填写证据标签。

基于推定的鉴真规则：其一是基于计算机系统正常运行的推定鉴真；其二是基于可靠电子签名等安全技术手段的鉴真；其三是基于可靠程序和系统的鉴真。

我国法律规范对电子证据的鉴真提出明确的要求：一是审查电子证据的

来源，要求提交原始存储介质；二是审查电子证据的形成过程，即“形成的时间、地点、对象、制作人、制作过程及设备情况”等；三是审查电子证据的取证情况，即各环节是否合法、相关人员是否签章。“应当在电子证据的制作、存储、传递、获得、收集、出示等环节建立完整的证据保管链条，并由相关人员签名或盖章。”四是审查电子证据的真实性和关联性。

总结，本案中证据方面的核心是电子证据的鉴真问题，即服务器和淫秽视频这两项证据同被告人之间的联系是否是真实的。该案的审理应当适用我国2010年出台的电子证据鉴真规则。相比于国际上通用规则而言，我国的这项规则存在着缺少“自我鉴真”和“独特特征的确认”方法、较多依靠笔录审查而知情人出庭作证较少、尚未建立证据标签制度和推定鉴真制度等缺陷。本案中的电子证据鉴真问题在一定程度上乃规则缺陷使然。虽然本案中，法庭试图通过新委托鉴定进行补强，但这一做法并不能有效地鉴真，也有悖于鉴真规则的本意。新近《两高一部电子证据规则》在电子证据的鉴真方法、法律后果等方面取得了进步，能够避免本案的证据问题。同时，也应该认识到，该项规则仍然面临着继续改革的任务。

二、罗世某与A公司、B委员会外观设计专利权无效行政纠纷案

该案的争议焦点是关于外观设计的权属，本书分析的是该案中关于公证书的证据审查判断争议。一审法院以证据6和证据14均载有“本公证书仅是对当事人现场操作电脑、打印页面过程的客观记载，未对邮件来源、真实性和上述保全证据行为以外的事实予以证明”的内容，认定上述公证书不能独立、当然地对其中所显示的电子邮件的来源和内容真实性予以证明。

但是二审法院指出，在审查判断以公证书形式固定的电子邮件等相关电子证据的真实性与证明力时，应综合考虑相关公证书的制作过程、该电子邮件的形成过程、电子邮件的自身内容等因素，结合案件其他证据，对其真实性和证明力作出判断。在审查证据的基础上，如果确信现有证据能够证明待证事实的存在具有高度可能性，对方当事人对相应证据的质疑或者提供的反证不足以实质削弱相关证据的证明力，不能影响相关证据的证明力达到高度盖然性的证明标准的，应该认定待证事实存在。一审判决仅以上述公证书对

其自身证明对象的声明内容为依据，排除上述公证书的独立证明力，未结合该电子邮件的形成过程和内容以及其他证据进行审查判断，有失偏颇。

最后，二审法院认为以公证书形式固定的电子邮件等相关电子证据具有证据效力，做出了对原告有利的判决。

三、张某与深圳 A 制药有限公司借款纠纷案

作为信息化时代的产物，与传统证据形式相比，电子数据证据有着截然不同的突出特性。电子数据易变、易改无痕、不易固化和归档，比如只要从网上下载一个软件，不需要很高的网络技术水平，就可以对 QQ 的聊天记录进行修改。而人民法院审理案件对证据的要求是“相对固定的、没有被篡改的、能在法庭上直观呈现并能卷宗归档的。”两者之间的矛盾决定了电子数据在司法实践中很难被认可，因为法官无法确认当事人呈现的电子数据是原始的、未被篡改、真实的。以下这个案例可以很好地说明这个问题。2015 年 2 月 5 日，上海市浦东新区人民法院就一审宣判了一起“微信借条”案，对微信证据效力做出了判定。

张某是原告深圳 A 制药有限公司的法定代表人，李某是被告 B（上海）投资中心的法定代表人。2014 年 7 月 10 日，原告向被告投资中心汇款人民币 5 万元，并在客户回单用途摘要一栏写上“借款”字样。借款后，被告于 7 月 11 日写了一张借条，然后通过微信拍照的方式发给了原告公司法定代表人张某。庭审中，原告方律师当庭出示手机微信照片，证明被告向原告借款的事实。

原告所称的“微信借条照片”，载有“B（上海）投资中心有限合伙向深圳 A 制药有限公司借款人民币 5 万元”字样，借款人处有两被告印章。“借条”除日期外其余内容均为打印。

而两被告则坚持认为，原告和被告 B（上海）投资中心不存在借款关系，原告系被告投资中心的合伙人，因各合伙人出资款均未到位，故原告出资 5 万元以保证被告 B 投资中心正常运营。5 万元不是借款，不应当返还。对于客户回单，被告反驳道：“用途摘要是原告自行填写，是原告自己的意思表示。”至于微信照片，被告则对其真实性有异议。

针对原、被告对 5 万元微信借条真实性的争议，主审法官审理后认为，

原告未能充分证明微信照片中的借条真实存在，也未能证明微信照片为被告方所发，故法院无法采信。上述案例中的微信借条，其作为电子数据证据，之所以未能获得法院支持，根本原因就在于法院无法确认借条主体及借条内容的真实性。

四、上海某文化传媒股份有限公司与黔江区 A 酒吧侵害其他著作财产权纠纷

该案由重庆市第四中级人民法院判决审理，原告为上海某文化传媒股份有限公司（以下简称某文化公司），被告为黔江区 A 酒吧（以下简称黔江区 A 酒吧）。

本案的争议点为，被告黔江区 A 酒吧未经许可，以经营为目的，在其营业场所的点播设备中收录了原告享有著作权的歌曲作品《B》（《C》第一季第 5 期），并通过点播系统以放映的方式有偿临时许可消费者使用该作品。被告的上述行为侵犯了原告的复制权、放映权等著作权，故起诉至法院。原告要求判令被告立即在曲库中删除歌曲作品《B》（《C》第一季第 5 期），并停止其复制、播放该歌曲作品的侵权行为；赔偿原告经济损失及维权合理费用共人民币 2000 元；判令由被告承担本案全部诉讼费用。

法院经审理认定事实：国家版权局于 2017 年 1 月 6 日登记的《作品登记证书》载明：作品名称为《C》第一季，作品类别为电影和类似摄制电影方法创作的作品。作者和著作权人均为某文化公司，作品创作完成日期为 2013 年 12 月 27 日。某文化公司提交了《C》第一季在中国版权保护中心办理作品登记的 11 张备案光盘的 U 盘复制件，内容为《C》第一季 1 ~ 11 期的节目内容。其中，《C》第一季第 5 期中即包含了歌曲《B》的现场演唱片段。

某文化公司庭审中向法庭提交了其通过联合信任时间戳服务中心的“权利卫士”取证软件拍摄的照片和视频文件，并提供对应文件的“可信时间戳认证证书”。经庭审查验，某文化公司提交的上述照片和视频均通过时间戳证书验证。上述文件对应的“可信时间戳认证证书”均载明：时间戳证书验证的证据文件是由“权利卫士”客户端产生，“权利卫士”使用自带的拍照、录像、录音功能对客观事实进行取证并实时进行可信时间戳电子证据固化保全。上述照片和视频文件证明取证人员于 2018 年 8 月 11 日 19 时来到位于重

庆市黔江区A酒吧，取证人员进入该酒吧的V13包房，通过点播系统在酒吧中点播涉案歌曲并进行放映。最后，取证人员取得了加盖有“黔江区A酒吧发票专用章”的发票一份。经过比对，被告经营场所播放的涉案歌曲与原告提供U盘中的相应歌曲的词、曲、演唱者、画面等方面基本一致。

上述事实，有当事人的陈述，以及（2017）沪长证经字第151号公证书，证明《C》第一季的作品公开出版物及所附U盘、取证光盘、照片及相应的时间戳认证证书、消费票据、授权书等证据证明，上述证据的真实性、合法性、关联性已经庭审质证和本院审查，可以作为认定本案事实的根据。

最后法院认为，《C》第一季由多期节目组合而成，每一期的内容不仅包括歌手在舞台上演唱歌曲，还包括导师听歌时的表现、导师与歌手见面的形式、导师与歌手的交流、现场灯光与音乐的配合、乐队的演奏等内容，导演将歌手的表演、画面、音乐等元素融合为一个整体形成完整的表达，从而体现出导演的个性化特征，达到著作权法对作品所要求的独创性要求，应认定每期节目均属于著作权法规定的以类似摄制电影的创作方法创作的作品。根据《最高人民法院关于审理著作权民事纠纷案件适用法律若干问题的解释》第七条第一款的规定，当事人提供的涉及著作权的登记证书，可以作为其享有著作权的证据。本案中，某文化公司提交了《作品登记证书》及在中国版权保护中心办理作品登记的11张备案光盘的U盘复制件，黔江区A酒吧未提供任何证据推翻涉案作品登记证书记载的内容。因此，可以认定某文化公司享有《C》第一季第5期的著作权，有权向未经其许可使用涉案作品的侵权使用者主张权利。

被告黔江区A酒吧在其经营场所内通过点播系统放映设备公开播放被诉歌曲，被诉歌曲与原告主张权利的作品中的相应歌曲词、曲、音源、画面等内容基本一致，其行为侵犯了原告某文化公司对《C》第一季第5期享有的著作权。被告黔江区A酒吧实施了侵权行为，应当承担停止侵权、赔偿损失的责任。

综上所述，依照《中华人民共和国著作权法》第三条第（六）项、第十条第一款、第四十八条第（一）项、第四十九条，《中华人民共和国著作权法实施条例》第四条第（十一）项，《最高人民法院关于审理著作权民事纠纷案件适用法律若干问题的解释》第七条第一款，《中华人民共和国民事诉讼法》第六十四条、第一百四十四条之规定，判决如下：一、被告黔江区A酒吧立即停止侵犯原告某文化公司对《B》(《C》第一季第5期)音乐电视作品所享有的著作权，并从曲库中删除前述歌曲；二、被告黔江区A酒吧于本判决生效之日起五日内赔偿原告某文化公司经济损失400元；三、驳回原告某文化公司的其他诉讼请求。

解读：原告提交的证据中包括了由第三方取证软件拍摄的照片和视频文件，一般来说，法院对这种证据的认定非常慎重，因为存在篡改、造假的可能，但在本案中，法院最终认可了这组证据。原因就在于第三方取证软件拍摄的照片和视频文件有联合信任时间戳服务中心加盖的时间戳，“权利卫士”使用自带的拍照、录像、录音功能对客观事实进行取证并实时进行可信时间戳电子证据固化保全。这里我们可以看到时间戳的重要作用，尤其是在举证的过程中。

可信时间戳是由权威可信时间戳服务中心签发的一个能证明数据电文(电子文件)在一个时间点是已经存在的、完整的、可验证的，具备法律效力的电子凭证，可信时间戳主要用于电子文件防篡改和事后抵赖，确定电子文件产生的准确时间。可信时间戳提供者可信时间戳服务中心必须按照有关标准和规定运营并由国家法定授时机构负责标准时间的授时及守时，保障并保持时间源的绝对可靠性，并进行实时监测。2008年11月25日，深圳市龙岗区法院依据最高法院“知识产权司法保护活动月”的要求公开宣判知识产权纠纷案，其中“利龙湖”一案系国内首例时间戳技术司法应用案例，宣判后双方当事人均未提起上诉，该案判决书已经发生法律效力，明确了时间戳对证据固化的重要作用。

五、山东A工贸有限公司和于西某非法吸收公众存款

山东省高唐县人民法院审理高唐县人民检察院指控原审被告单位山东A工贸有限公司(以下简称A公司)、山东B服饰有限公司(以下简称B公司)，原审被告人于西某、于家某等人涉嫌犯非法吸收公众存款。检察院指出，被告人于西某、于家某等人明知被告单位A公司及B公司均不具备面向社会公众吸收存款的资格，经于西某决定，采取由于家某、樊正某安排C公司职工到大街上、小区内发放宣传彩页，组织投资者到B公司参观，于家某

安排录制和播放宣传视频、组织茶话会等方式向社会公开宣传，承诺高额利息、提成等回报，并以B公司为借款人，C公司、A公司为保证人，与集资参与人签订借款担保合同，共向梁某等42人非法吸收存款20508500元。

在该案中，检察院提供了大量的证据，包括书证9项，证人证言12项，辨认笔录1份，以及电子证据8项，以及视听资料等。本案中的电子证据是比较翔实的，现摘录如下：

（四）电子数据

山东省冠县公安局依法在某信息技术（北京）有限公司调取的电子邮箱内的邮件：

1. 2015/9/20 15：49 于西某发给自己邮箱的邮件，内容为“一年来因病，未能按时上下班、按时请销假，给单位集体和工作秩序带来了不良影响”，证明于西某因未按时请销假，书写向其所在单位检讨的情况。

2. 2013/12/4 17：08 甘肃省某信托有限责任公司钟某发送的邮件，内容为“A公司向甘肃省某信托公司借款6000000元的合同”，其中记载于西某在A公司任经理并且是保证人。

3. 2014/4/8 19：32 D国际租赁有限公司发送的邮件，内容为“付款通知书”，其中记载A公司联系人是于西某及其联系方式。

4. 2013/4/12 8：43 E工业股份有限公司发送给“于总”的邮件，内容为“设备装船通知”。

5. 2012/3/19 11：45 牛玉某发送的邮件，内容为“S银行贷款申请所需资料”，其中记载“实际控制人于总及法人苏某工作简历”等。

6. 2014/4/21 11：44 于西某邮箱接收的邮件，内容有于西某是以A公司董事长的名义参加一个社会培训的邮件及于西某的照片等。

上列2～6的邮件内容证明，案发前于西某作为A公司的实际控制人从事筹资、付款、为经营参加培训等活动。

7. 聊城市公安局电子数据检验鉴定中心电子数据勘验报告一份（附光盘），证明于西某的邮箱向某安邮箱发送过关于B公司资料、C公司吸收资金报表。

8. 聊城市公安局电子数据检验鉴定中心多份远程勘验报告（均附光盘）及电子数据勘验报告（附光盘）及所附光盘内樊正某与B公司会计高某、樊正某与于西某、高某与于西某、程某与于西某等邮箱邮件内容，证明程某与于西某的邮箱之间发送关于 B 公司资料、集资参与人转账 B 公司明细、B 公司转账 A 公司明细、部分集资参与人转账截图等对账材料的情况，还证明樊正某与于西某之间、樊正某与 B 公司会计邮箱之间、于西某与 B 公司会计邮箱之间发送非法吸收公众存款宣传资料、对账明细相关的电子邮件的情况及程某电脑中关于投资款项往来的相关情况。”

法庭经审查认为，在案书证、证人证言、电子数据、上诉人、被告人供述等证据证实，苏银某系 A 公司的法定代表人，于西某主要负责该公司的资金运营、对外往来等业务。于西某操纵 A 公司成立了 C 公司，并参与 C 公司前期成立和运营，然后再利用该公司进行非法融资活动，于西某决定、安排，并且其积极参与。以上事实足以认定于西某作为 A 公司的实际控制人，预谋、策划、指挥、实施了本案全部犯罪行为。

在本案中，电子数据与书证、视听资料、证人证言等证据相互印证，对认定案件事实，查明真相起到了积极作用。这里特别值得注意的是对涉案人员邮件往来的电子数据的提取，法院最终都予以了采信，可见电子数据提取和固化的重要作用。

参考文献

［1］蔡作斌：《证据链完整性的标准及其审查判断》，载《律师世界》，2003（3）。

［2］陈超、沈燕峰：《电子数据概述》，载《科技风》，2016（22）。

［3］陈艳：《新刑诉法框架下检察机关电子数据的应用》，载《法制与社会》，2013（10）。

［4］程勇：《视频证据的关联性及证据链研究》，载《公安学刊——浙江警察学院学报》，2017（5）。

［5］冯爱冰、谢萍：《证据链：认证案件事实的另一视角》，载《法律适用》，2011（7）。

［6］高鸽：《电子数据应用中的问题与对策》，载《法制与社会》，2013（6）。

［7］高兰英：《网上仲裁的若干法律问题》，载《学术论坛》，2008（1）。

［8］古芳：《论刑事诉讼中的电子数据》，载《中国司法鉴定》，2013（2）。

［9］郭秋香、朱金义：《电子数据鉴定体系建设构想》，载《中国司法鉴定》，2010（2）。

［10］郭玉军、肖芳：《网上仲裁的现状与未来》，载《法学评论》，2003（2）。

［11］黄道丽、金波：《电子数据证据的可采性与证明力》，载《中国司法鉴定》，2012（6）。

［12］黄韬、陈儒丹：《网上仲裁法律问题研究》，载《仲裁研究》，第四辑。

［13］黄晓峰、梁颖华：《探讨电子数据取证鉴定技术与应用》，载《大科技》，2015（31）。

［14］金波、杨涛、吴松洋、黄道丽、郭弘：《电子数据取证与鉴定发展

概述》，载《鉴定综述》，2016（1）。

［15］李长坤：《电子证据司法运用问题研究》，西南政法大学硕士学位论文，2011。

［16］李虎：《网上仲裁法律问题研究》，中国政法大学博士学位论文，2004。

［17］李竞：《“云公证服务”中若干侵权法律问题研究》，上海交通大学硕士学位论文，2014。

［18］李学军：《电子数据与证据》，载《证据学论坛》，2001（1）。

［19］李新辉：《未来公证机构开展电子公证确认身份和电子签名应注意的几个问题》，载《中国公证》，2012（12）。

［20］栗峥：《证据链与结构主义》，载《中国法学》，2017（2）。

［21］林苏云：《规范与拓展公证法律服务的几个问题》，载《中国公证》，2012（12）。

［22］刘毓筱：《在京津冀地区设立互联网法院的可行性研究》，载《厦门特区党校学报》，2007。

［23］刘政：《推行网上仲裁的制约因素与路径选择》，载《湖南大学学报人文社会科学版》，2009（3）。

［24］马国富、王子贤、王揆鹏：《基于证据链的电子司法鉴定模型》，载《河北大学学报（自然科学版）》，2013（3）。

［25］台治强：《规制电子证据鉴定的几个基本问题》，载《中国司法鉴定》，2012（2）。

［26］涂永前：《互联网法院 VS 传统法院：是竞争还是互补》，载《社会科学报》，2018（3）。

［27］王俊：《论电子数据鉴定》，载《证据科学》，2008（2）。

［28］王天航：《浅论互联网法院优势与存在问题》，载《法制博览》，2018。

［29］王学峰：《论网上仲裁中的电子签名问题》，载《商业时代 学术评论》，2006（20）。

［30］吴常青、王彪：《电子数据鉴定相关问题探讨》，载《中国司法鉴定》，2012（6）。

[31] 谢勇：《论电子数据的审查和判断》，载《法律适用》，2014（1）。

[32] 熊秋红：《为什么要设立互联网法院》，载《人民论坛》，2008。

[33] 杨爽：《论电子证据鉴定的法律规制》，载《山东警察学院学报》，2009。

[34] 阳勇林：《电子数据证据取证研究》，广西师范大学硕士学位论文，2010。

[35] 杨郁娟：《论电子证据的司法鉴定》，载《中国司法鉴定》，2011（3）。

[36] 杨振宇：《电子数据取证鉴定技术的研究与应用》，北京大学硕士学位论文，2010。

[37] 于志刚、李怀胜：《杭州互联网法院的历史意义、司法责任与时代使命》，载《比较法研究》，2018（3）。

[38] 张馨月：《浅析我国互联网法院制度》，载《法制博览》，2018。

[39] 郑旭江：《互联网法院建设对民事诉讼制度的挑战及应对》，载《法律适用》，2018（3）。

[40] 朱国华、张春燕：《网上仲裁法律问题研究》，载《上海大学学报（社会科学版）》，2001（4）。

[41] 朱志晟：《网上仲裁的若干法律问题及对策探讨》，载《科技法制》，2004（3）。

[42] 张渊、张博：《电子数据证据的概念界定与特征分析》，载《湖北警官学院学报》，2015（9）。

[43] 张正怡：《美国电子公证法律制度对我国的启示》，载《中国公证》，2011（4）。

[44] 郑连刚：《网上仲裁法律问题研究》，中国政法大学，硕士学位论文，2011。

[45] 郑建军、李宗勇：《“云公证”理念及其在网上商业数据保护中的应用》，载《中国公证》，2010（10）。

[46] 邹荣合：《电子数据证据及其在刑事侦查中的运用》，载《铁道警官高等专科学校学报》，2005（4）。

[47] 中国公证协会课题组：《中国公证服务知识产权发展服务情况报

告》，载《中国公证》，2015（7）。

［48］《新闻点评》，载《中国公证》，2017（5）。

［49］高波：《大数据：电子数据证据的挑战与机遇》，载《重庆大学学报（社会科学版）》，2014（3）。

［50］万春、吴孟栓、高翼飞：《〈关于办理刑事案件严格排除非法证据若干问题的规定〉理解与适用》，载《人民检察》，2017（14）。

［51］刘鹏：《刑事司法实践中电子数据取证存在的问题及对策建议》，载《信息安全研究》，2018（8）。

［52］杨军：《论微信信息的证据属性及其规范》，载《淮北师范大学学报（哲学社会科学版）》，2018（1）。

［53］周加海、喻海松：《〈关于办理刑事案件收集提取和审查判断电子数据若干问题的规定〉的理解与适用》，载《人民司法（应用）》，2017（28）。

［54］刘品新：《电子证据的鉴真问题：基于快播案的反思》，载《中外法学》，2017（1）。

［55］高波：《从制度到思维：大数据对电子证据收集的影响与应对》，载《大连理工大学学报（社会科学版）》，2014（2）。

［56］王玉薇：《大数据背景下电子数据的审查与认定》，载《中国司法鉴定》，2017（6）。

［57］卞建林、谢澍：《刑事程序法治理论的新发展——2017 年刑事诉讼法学研究回顾与展望》，载《人民检察》，2018（1）。

［58］刘品新：《印证与概率：电子证据的客观化采信》，载《环球法律评论》，2017（4）。

［59］金泽慧：《司法改革的互联网思维与法制实践》，载《法制博览》，2017（36）。